うまうまニッポン！

食いだおれ二人旅

高田かや

文藝春秋

人物紹介

かや

農業を基盤とするコミューン カルト村 で生まれ
19歳で村を出て一般社会へやってきた。
特売や半額商品が大好きな倹約家。
20歳の時知り合った15歳上のふさおさんと
結婚。
大食いで酒好き。

ふさおさん

食べることと 出掛けることが大好き。
両親・弟2人が同居する2.5世帯
住宅の2階でかやと共に暮らす。
結婚後 料理に目覚める。
甘い物に目がなく 気を抜くと
すぐ太る。
下戸でお酒は 一切飲めない。

かや's History

「カルト村」で暮らす両親から生まれる

泣き虫で村の問題児

カルト村本部へ移動
村の外の中学校へ通う

高校へは行かず 村で毎日農作業

両親と共に村を出る

親の引越しについて東京へやってくる

0歳 / 10歳 / 13歳 / 18歳 / 19歳 / 20歳 / 30歳

東京下町に三人兄弟の長男として生まれる

ぜんそく持ちで体が弱く過保護に育てられる
旅に憧れいつか自転車で日本全国まわるのが夢

バイトして旅費を貯める

高校卒業後自転車で日本一周する

仕事の合間にバイクで各地を旅する

車で日本一周する

ふさお's History

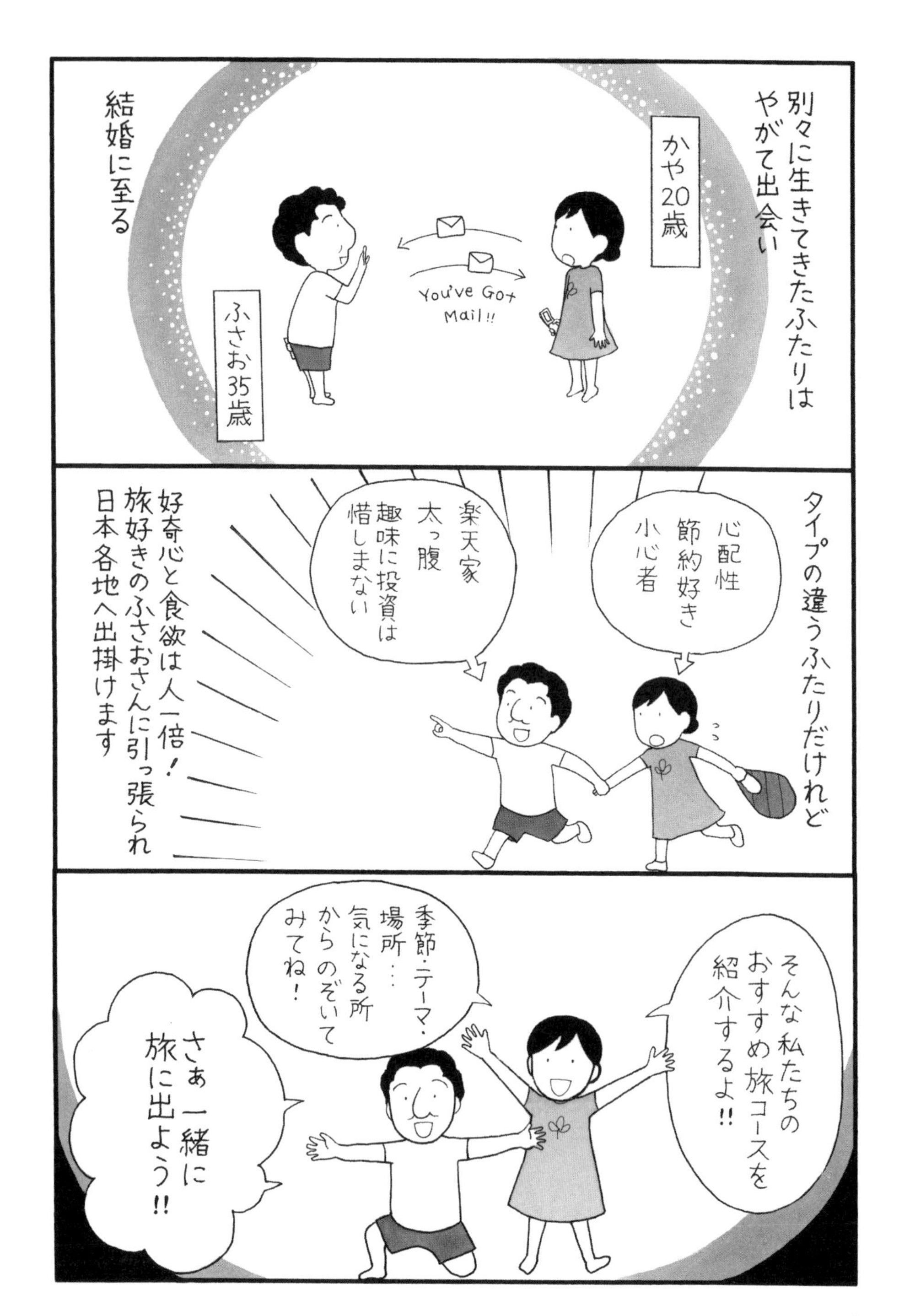
別々に生きてきたふたりはやがて出会い
かや20歳
ふさお35歳
You've Got Mail!!
結婚に至る
タイプの違うふたりだけれど
心配性
節約好き
小心者
楽天家
太っ腹
趣味に投資は惜しまない
好奇心と食欲は人一倍！
旅好きのふさおさんに引っ張られ日本各地へ出掛けます
そんな私たちのおすすめ旅コースを紹介するよ!!
季節・テーマ・場所…気になる所からのぞいてみてね！
さぁ一緒に旅に出よう!!

旅の装備
メモ帳
旅は全て記録して
次の旅に備える
ガイドブック
三重
伊勢
志摩
熊野
借りたり買ったり
地図
JAF
20XX
ドライブドライブMAP
関西
JAFドライブマップ
が便利
お風呂カバン
詳細は130ページで
クーラーボックス
COOL FISHER
冷蔵品も安心!!
水筒
大きな氷が入る
広口タイプ
ボトルガム
Gum
長距離
ドライブに
車
我が家は常に
車移動
健康な体！
サービスエリアには
お酒売ってないって
知ってた？
お酒も持参
日本酒
ビール
もちろん
お金と
スマホ
もね☆
車内には
・毛布
・ティッシュ
・サングラス
・調味料
・ヘルメット
を常備！
調味料3兄弟
岩塩
海塩
黒こしょう

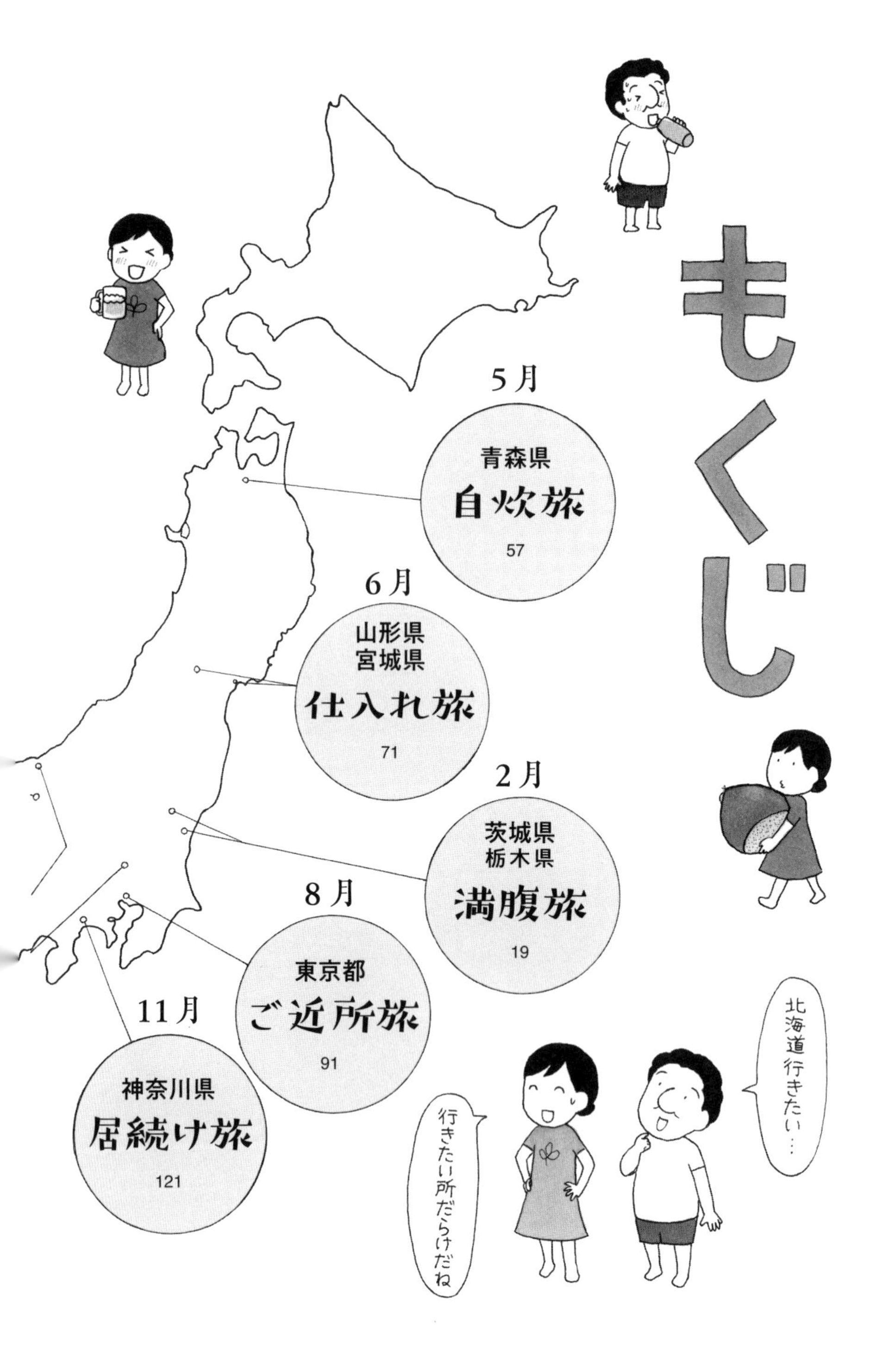
もくじ
5月
青森県
自炊旅
57
6月
山形県
宮城県
仕入れ旅
71
2月
茨城県
栃木県
満腹旅
19
8月
東京都
ご近所旅
91
11月
神奈川県
居続け旅
121
北海道行きたい…
行きたい所だらけだね

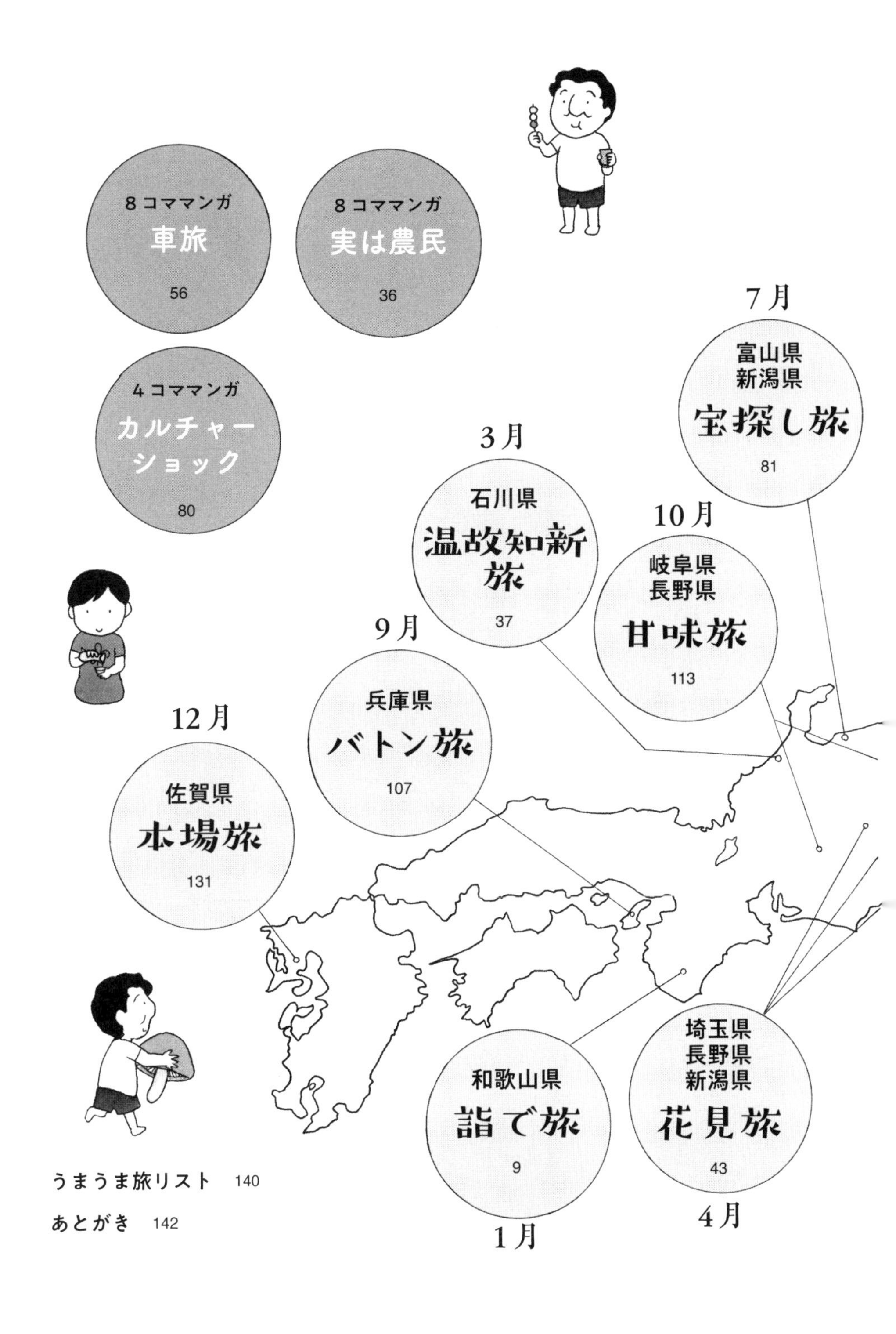

夫婦のタイプ早見表

◎ 大好き・やりたい
✕ 嫌い・できない

事柄＼人物	かや	ふさお
食べる事	◎	◎
お酒	◎	✕
運転	✕	◎
貯金	◎	✕
旅の目的・好きな所 ？	・名物・限定品を食べる ・旅先のスーパー巡り ・旅は予定をたてている時が一番好き！	・温泉に入る ・お腹いっぱい食べる ・旅の最中が一番幸せ！帰りたくない…

和歌山県

湯の峰温泉　湯煙食堂

詣で旅

1月

お正月休みには毎年初詣をかねて
大きな神社のある土地へ出掛けます
温泉のにおいがする！
湯の峰温泉 公衆浴場
最近のお気に入りは
和歌山県の湯の峰温泉
橋のたもとの湯筒が名物
90度の源泉自噴口
ここで作るゆで卵がうまいんだよねー
今回湯の峰温泉に来た
目的のひとつが
こっちこっち!!
ほら熊野古道だよ
熊野古道
本当にこの道を歩くの？
「熊野古道のひとつ『大日越』を
通って熊野本宮へ行こう!!」
熊野本宮へ向かう道路は毎年
初詣の車で大渋滞…
ところが湯の峰温泉から熊野本宮へショートカットできる道が!!
それが「大日越」ルートってわけ
森の中歩くの好きだし行ってみようよ
確かに本宮周辺は駐車するまでひと苦労だけど
大丈夫かな？

大丈夫じゃなかった…
ちょっ
ちょっと待って
まだ続くの!?
ゼイ
ゼイ
ーいやこれ普通に登山道でしょ
うっそうとした山道でひたすら険しい登りが続く
本宮の行き帰りはこの熊野古道を歩こう!!
渋滞気にしないで良いし軽い運動にもなるし山の中はきっと気持ち良いよ!
うーんショートカットで山を通るとなるとかなりの急勾配だと思うんだけどな
かやちゃんが調べて行けそうって言うなら大丈夫なのかな
ふさおさん大正解!!
平な3キロと山道3キロは全く違うものなんですね!!
戻ろうにも今来た道を戻れる気がしない
前に進むしかない
ヨロ
ヨロ
昼の2時なのになぜこんなに暗いの…
やっと下り!
でも急坂!
帰り道はこの道はムリだ軽く遭難しちゃう
おーい
大丈夫かー

民家だ!!
助かった!!
がんばれー
やっぱり大渋滞してるー
下界は明るいな
とりあえず休んで何か飲もう
フラ
フラ
カフェ発見
汗だくだよー
よく歩いたな
思ったより山道だった…
帰りは普通の道路を歩いて帰ろう
タクシーなんて多分ないしね…
さてと、この大行列に並びましょうか
毎年のことながらすごいな
初詣ってここ100年くらいの風習で元々は「恵方参り」といってその年の恵方にお参りしてたんでしょ?
今年の恵方がどこであれ熊野本宮にお参りしておけば間違いないだろう

パンパン
お参りした後は木札を頂いて
家の神棚用
熊野坐大神御守護
「もうで餅」を買って
こしあんをくるんだ餅に香ばしい玄米粉がかかった熊野名物
うまいよなー
ふさおさんの大好物
できたてのやわらかいこと！

さぁ道路を歩いて帰ろうか…
距離は長いけど山道よりはましだろう
ん？
大日越登り口
龍神バス
あれっバスあるよ!?
えっでも確か休日は運休じゃ…!?
大日越登り口 Dainichi
バス会社に電話して聞いてみよう
もしもし…今大日越登り口バス停前ですが…
バス来るって!!
正月営業バンザイ!!
普段公共交通機関をほとんど利用しないから盲点だったわ
とにかくもう歩かないで済むならそれだけで嬉しいよ
もう夕方で道もすいてるしねー
キョロ
キョロ
…バス遅くね？
ソワ
ソワ
どしたの？
バスのお世話になることがめったにないので段々不安になってくるふさおさん
本当にここで良いのか？
5分過ぎた…
来る気配ないけどバス停合ってる!?
でも昔乗ったバスも少し遅れて来たよ
うろ
うろ

不安が伝染し、ふたりでパニックになった頃バス到着
来た!!
あっでも行っちゃいそう
乗りまーす!!
発車します
プシュ
ブルルン…
ホーッ…
良かったね!
バス本当に来たね!
ふさおさん、バス乗る時は乗車券を取るんだよ!
はいふたり分
おっサンキュー
ヒソ
ヒソ
ヒソ
こんな細い山道をバスで走れるなんて運転手さんすごいね!!
座ってれば目的地へ運んでもらえるってラクだなー
湯の峰温泉ーー
到着!!
20分で着いたー早ーい!!
歩くより大分時間を短縮できたね
イテテ
さぁ宿の温泉で汗を流そう
本日の宿
伊せや
チャプーン…
疲れがとれるー

良いお湯だよなー
肌スベスベになったよ
さぁ飯だ
カラン
コロン
夕食は
湯の峰温泉売店・食堂へ
腹減ったー
売店・食堂
湯の峰温泉の晩ご飯
だし巻き玉子定食
一番搾り
KIRIN BEER
瓶ビール
きつねうどん
鶏唐揚げ
天然鮎塩焼き
ここのおうどん好きなのー
関西風でおいしい!
めはりずし
熱々の特大だし巻き玉子もうまい!
ここはいつも休日営業してくれるから助かる

ごちそうさまでしたー
おいしかったねー
なんてことない食堂なんだけど良いんだよなー
ここがあるから安心して素泊まりできる
湯の峰温泉は代貝切で入れる岩風呂の「つぼ湯」など外湯(有料)も豊富
入る？
世界遺産だぜ
宿のお風呂で十分！
宿泊する「伊せや」の温泉は私の好きな外湯「くすり湯」と同じお湯だから
別料金で混んでる外湯に入るより断然こっち!!
つぼ湯含め外湯はこれまでにもう散々入ったしね！
お休みー
ZZZ…
翌朝
おはようかやちゃん
朝風呂入ってる間にゆで卵作ってきたよ
あち
あち
…
朝食はゆで卵
おいしい!!
もっ
もっ
むっ
のどに詰まった!!
ドンドン
湯筒で作るゆで卵はひと味違う

※現在は食事付プランも選べます

試食街道を行く

満腹旅

茨城県
栃木県

2月

毎月気楽にあちこち出掛ける私たちも
2月はあちこち雪がねぇ…
俺もちょっと雪道は怖い
真冬はさすがに少し考える
よし!!
近場で雪も少ない茨城コースにしよう!
近くて便利な茨城コース
そうだね! 冬なら生芋こんにゃく売ってるし
食材買っても涼しいから安心だし
しゃものブツ切り買ってきて水炊きしよう
うまく行けば偕楽園の梅も咲いてるかも!
茨城コースかぁー お腹空かせておかないと…
このコースは誘惑が多い
俺はいつでも準備OKだぜっ
当日
朝8時
出発!!
9時20分
めんたいパーク大洗
明太子のかねふくが運営する明太子専門のテーマパーク!!
到着!!
明太子 かねふく
めんたいパーク

試食1
できたて明太子を試食
ご試食
辛子
なんといってもこのつぶつぶ!!
太っ腹だよね こんなに大きくカットした明太子を惜しげもなく
やっぱり工場で作りたてだから味もカクベツ!
うまいうまい どれもうひとつ
パク
パク
使用済みつまようじ入れ
ちなみに私は
買わない物の試食は極力しないししても最低限
うまい
パク
・・・
食欲はあってもお小遣いのなかった子供時代 我慢できず旅行先の土産物屋で試食に手を出すも
おいしいでしょ?
良かったら買ってね
子供なりに罪悪感があって
名菓
いまだにお店の人の視線が怖いんだよね
俺は全然気にならないけどなー
それはふさおさんが常にお金を持っていて気に入れば買えたからだよ。心理的に対等でいられたんだね…
それでも大好物の明太子
うまいから買おう
おいしかった…
できたて明太子
買ったよアピールをしつつ
帰りがけそっともう一度試食に手を伸ばす…
おず…
気にしすぎ!
ご試食どうぞー

9時30分
フードコーナーが開くと同時に
朝食
からし明太子
自家製ジャンボおにぎり（できたて明太子）
生ビール（おつまみ付）
一番搾り
明太ソーセージ（ビールのおつまみ）
買ってきたよー
無料給茶機のお茶ももらってきたよー
むぎゅっ
うおー明太子たっぷり
たいていのおにぎりって具が真ん中に少しだけしか入ってないけど
ここのおにぎりは米より具が多いんじゃないかってくらい明太子が入ってる
おいしい!!
断面図（イメージ）
またその明太子がビールに合うんだなぁ
ここのビールすごくクリアな味なんだよね
ビールのつまみで付いてくる明太ソーセージもピリ辛でうまいよ
プハー
ガラス張りの調理場で次から次へとおにぎりを作っている様子を眺めつつ
かねふく
めんたいパーク
手早い！
ごちそうさまでしたー

明太子
おいしかったねー
海が近いから
ロケーションもバッチリ!
晴れていると
気持ち良いな
10時10分
那珂湊おさかな市場
那珂湊漁港に隣接する魚市場
地魚から食事処まで
楽しいお店が
いっぱい!!
ここは魚介類を扱う市場だから
当然足元は水だらけ
あっ
やっちゃった
ビシャッ
来るたび靴を
濡らしてしまうので
今では必ず
長靴持参!!
とうっ!
恐る恐る
歩く人たちを
尻目に市場内を
闊歩している
♪
キャッ
市場内には買うとその場で
剥いてもらえるカキや
宮城産
2個 300
生カキ
手洗水
焼きウニの屋台や
ゴクリッ
うに貝焼
うまくて
ごめんね!
1ヶ
600円
試食
2
干物の試食もある
おさかな市場
うまい
ダイ水産
カクダイ水産
パク
パク

軽食1
かやちゃんカキ食べよ…って
いつの間に!!
私魚介系は日本酒がないとちょっと…
パックの日本酒(持参)
チュー
カキ
お酒余っちゃうから追加で焼きウニも買って良い?
どんな理屈だ…
はーおいしかった!
さぁ魚を選ぼう
大丈夫…?
当日食べるなら一尾丸ごと買っていくのも良いけど
翌日以降に食べる場合は日持ち重視だね
丸魚も頼めば捌いてくれるよ
うんうん
ゴクリ…
本日のチョイス
ハマグリ
生青のり
サクのお刺身
魚を買うとひとり一袋まで氷をもらえる
無料!
以前は有料の発泡スチロールを買って持ち帰ってたけど
ガラガラ
毎回のことだしクーラーボックス買って持参するようになった
繰り返し使えるし出先で食材を買う我が家にはなくてはならないアイテムだね
明太子も入れられるしね☆

11時45分
水戸
コジコジ
昼食
Vegetable SriLankanプレート
スパイシーなスリランカ料理!!
HOT キリテ
ルート的にちょうど良い場所にあるのもあるけど
茨城来たらここは外せないよね
今の所ここのカレーが日本一うまいと思う
ハフ
ハフ
うめー!!
辛ー!!
13時半
道の駅常陸大宮～かわプラザ～
野菜買おう
今は何か収穫できるかな
ここかわプラザでは隣接した畑で季節ごとに作った洋野菜の収穫を体験できる(有料)
冬もいろいろある!
こんにちはー
サラダみず菜 10株 100えん
サラダからし菜 10株 100円
スイスチャード 6枚 100円
カーリーケール 6枚 100円
畑担当のおじさんが収穫の仕方を優しく教えてくれるので安心
やぁ よく来たね
お願いしまーす
今日はみず菜とからし菜を収穫してきた
おじさんの作る野菜、立派でおいしいから毎回楽しみ
良かったねー

かわプラザには広いフードコートもある
ジェラートダブルでひとつ
はーい
カップで！
うわー迷うなぁーどれにしよう
地元産
えごま
奥久慈茶
酒かす
ミルク
MILK
いちご
紫イモ
軽食
2
季節のジェラートダブル
紫イモ
ミルク
Gelato & Smoothie
濃厚だけど後味すっきり！
ここのジェラートは地元の食材を使っているし
季節ごとにフレーバーが変わるから毎回どの味にするか迷っちゃうよね
14時半
舟納豆（ふなっとう）
試食
3
店内に入るとまず試食に誘われる
さぁ掛けてくださいー
納豆の試食をどうぞー今お茶も出ますので
いらっしゃいませー
はい、まずこれが地元の大豆を使った当店の定番商品
舟納豆!!

うん、おいし…
はい、続いて大粒のね、北海道産大豆で作った納豆！
これもね、おいしいから食べてみてください！
は、はいっ！
そばの実入り納豆です
こごいら納豆っていってね切干大根が…
山形産…
紅大豆で作った…
黒大豆の…
これ人気あるのよー青豆を使った大粒の納豆、シソ味でね
トマトバジル味…
これは食べました？
「豆華」ってこれ豆腐の味噌漬け
はーいこれでひととおりです
はぁーまるで納豆のフルコースだね！
どれもうまい!!
お茶のおかわりどうぞー
納豆で作ったお菓子だ！
納豆のふりかけもあるぞ
パク
パク
ほとんど試食が出てすごいね！
どれもおいしいけどやっぱり定番の舟納豆が好き！
お土産購入
80g入
さて次は奥久慈だ
周りに山が多くなってきたね

奥久慈しゃも生産組合
奥久慈しゃも
日本 地理的表示 GI
JAPAN GEOGRAPHICAL INDICATION
国が保護する特産品ブランド
地鶏では全国初のGI登録!!
寒暖差の大きい奥久慈でのびのびと育てられた地鶏
このしゃもを初めて食べたのは都内の焼鳥屋さん
バードコート
うまいな!
歯応えがしっかりしてて味が強いね!
奥久慈しゃもだって
ブツ切り買ってきたよー
コーケコッコー
ココ
スー
うーん養鶏場のにおいだー
JAFカードで100円引き!
JAF
しゃも
15時
こんにゃく関所
玉こんにゃく
こんにゃくそうめん
生芋こんにゃくetc…
試食4
こんにゃくそうめん
梅味
どれもうまいけどやっぱりこれ!!
冬季限定の生芋こんにゃくが一番!
フル
フル
おいしいよ!食べた?
私こんにゃくは少し苦手で…ここの生芋こんにゃくはギリいけるけど
帰って調理してから…
刺身はムリ!!
生芋こんにゃく
さしみこんにゃく

濃い味の玉こんにゃくとかこんにゃくそうめんならこんにゃくのにおいが気にならないから食べられるよ
おいしい!
ここの試食も種類多いよねあっちにこんにゃくゼリーまであったよ
パク
パク
生芋こんにゃく購入
冷蔵庫で1週間もつ
隣接する
ゆば壱
試食 5
へーゆばしんじょに
モグ
モグ
ゆば壱がんもか
大豆製品の試食・・・はもう良いや
お腹いっぱい…
お豆腐だけ買おう
ありがとうございます
あ、外のおから頂いて良いですか?
どうぞー
ゆば壱の入口横には商品の製造過程で出たおからが置いてある
おから
ご自由に サービス品
お客様の責任でお持ち帰り下さい。
お1人様 2袋まで
無料サービスって分かってても何か買わないともらいづらくて…
小心者だねー

お腹いっぱいと言いつつ
並びの団子屋へ向かう我ら
甘い物は別腹!!
トコ
トコ
こんにゃく
試食6
奥久慈屋 吉餅
揚饅頭におかきにゆべしの試食まで!
ふさおさん本当によく食べるね…
俺満腹感じゃなく満足感で食べてるから、いくらでも食えるよ
見ててお腹一杯…
パク
パク
うぷ
軽食3
おまんじゅうはキツイけどプリンならいける!!
大黒なめらか卵プリン
かやちゃんの理屈は分からん…
ここはおだんごのあんにも「常陸大黒」っていう大粒の黒い豆を使っていて
プリンにも乗ってるけどおいしいの!卵も奥久慈しゃもの卵を使ってたり
地の物を使ってるのが良いね
イートイン席に無料給茶機までありついついまったりしてしまう
このルートは本当に誘惑が多くて
全然お腹が空かないよー
大丈夫? 夕食食べられそう?

17時半
夕食
弥満喜(やまき)
弥満喜
こんばんはー
しゃもすきやき
どんなに試食しようと絶対に外せないお店が奥久慈にはある
しゃもすき2人前としゃも丼「極み」と…あとグリーンサラダもください
はいはい
あと芋焼酎も…
奥久慈しゃもすき鍋
しゃもの肉・肝・野菜・豆腐等うどん又はごはん付
ワイルドな味！
うまいぞぇ
にんにくバター
しゃもの生卵
辛味噌
新鮮グリーンサラダ
奥久慈しゃも丼「極み」
しゃもスープ
サラダ
今まで食べた中で一番の親子丼!! 汁気 味付け 卵の半熟具合が絶妙!!
卵で蒸されたしゃも肉がふっくら熱々ジューシィでサジを持つ手が止まらない！
うまうま
ハグ
ハグ
必殺抱え込み！
芋焼酎
漬物
茶碗蒸し（夏はお刺身こんにゃくに！）

20時
道の駅きつれがわで
汗かいたし温泉入って帰ろう
温泉♪温泉♪
立ち寄り湯
会員です
JAFカードで500円→400円!!
JAF会員証
MEMBERSHIPCARD
割引ってかっこわるくない?
俺別に定価でも…
30年会員なんだから堂々と提示しよ?
お肌スベスベー
日本三大美肌の湯に選ばれた良質なナトリウム塩化物泉
23時までやってるのがありがたいね
サッパリ!
リンスインシャンプーやボディソープもあるから気軽に来れるよね
さぁ帰ろう
いやー今日もよく食べた
帰ったら買った物片付けないと
しばらく茨城食材が続くぞー

茨城帰りの夕食
1日目
ハマグリ鍋と
生おからサラダ
生おから200g・ツナ缶1缶・鰹節・胡瓜の輪切り・人参千切り・玉ネギスライス・マヨネーズ・豆乳・醤油・塩こしょうを混ぜるだけ
「那珂湊おさかな市場」のハマグリと生青のり「ゆば壱」の豆腐
「ゆば壱」の生おからと「かわプラザ」の野菜
ハマグリ鍋は以前仙台の居酒屋で食べたメニューを我が家流にアレンジ
昆布出汁にまずは塩と洗ったハマグリだけ入れる
貝が開いたら
パカー
煮えばなにポン酢をかけて食べる
あちあち
ホッフ
ホッフ
ハマグリの出汁が出たスープで豆腐・長ネギを煮て食べる
豆腐はおぼろ昆布をのせて食べる
鍋を食べ終えたら白ご飯・生青のりを加え雑炊にする
☆仕上げにバターを投入
おいしい!!

2日目
豚バラこんにゃくと
サラダからし菜の浅漬け
「こんにゃく関所」の生芋こんにゃく
「かわプラザ」で収穫したサラダからし菜
生芋こんにゃくを指でちぎって
グリュッ
ブリュッ
フルフル
アクが少ないから下ゆでは不要
油を引かず豚バラを炒めたフライパンに投入
ジューッ
パチ
パチ
こんにゃくに豚の脂がまわったら
出汁醤油とみりん各50cc砂糖大さじ1を混ぜて加え
赤唐辛子の輪切を入れると大人味
フタして10分
クツクツ
強火にして炒りつけ
ジャッ
ジャッ
白ゴマと小ネギをふる
ご飯に
合うー
ビールに

麺は近所の製麺屋さんの麺又は「マルちゃん鍋のメに食べるラーメン」を愛用しています

実は農民

実家の母きよ子は
信州切り花農家の長女に生まれ19歳で農業コミューンのカルト村へ
村を出た現在も家庭菜園で毎年野菜を山程作る
キュウリ持ってく？豊作でー
いるけど
ドサッ
すごいね
根っからの農民
そんな母を連れて訪れた道の駅常陸大宮〜かわプラザ〜
自分で収穫できるの？
家でも毎日収穫してるのに!?
やるやる！
やぁどーもどーも
よろしくお願いしますー
どーもー
オホホ…
付き合い
今日お客さん多くてあまり種類残ってなくてねー
明日台風予報だしもう奥さんたちで最後だから良かったら今あるやつ多めにとっていくかい？
なーんて…
その時私は確かに見たのだ…
あらー うふふ 本当にー？
母の目が光るのを…
いやーあの時はすごかったね
あれよあれよと言う間に袋いっぱい！
まさか上品な奥さんが現職の農民だとは思わなかったんだね
またかわプラザで収穫したいわー
すごく良かったー
いやあの日は特別だから…
あの後父ちゃん3日間ぷちピー※食べ続けた話ってしたっけ？
父
虎視眈々と次の機会を狙う母であった…
※小さいカラーピーマン

工芸の街 金沢へ
石川県
温故知新旅
3月

ふさおさん金沢と聞くとどんなことが思い浮かぶ？
えーと北陸!! とか魚がうまい!! とか？
あとかやちゃんの高熱事件
えっ
初めて訪れた際
麩まんじゅう大好き!! ガイドブックに載ってるお店全部行きたい!!
よーし じゃあ片っ端から行こう!!
とハシゴして麩まんじゅうを食べまくったら
あれ？
なんかフラフラする…
えっ大丈夫!?
すごい熱!!
風邪!?
薄着であちこち歩き回ったせいか翌日高熱が出て
予定を切り上げて早々に帰ったんだよね
どうもスミマセン…
それでもフラフラしながら忍者寺（妙立寺）は見学したからね
頑張ったよ
食べ歩きする時は体調管理を万全に!!
そしてその時食べ比べした中でより気に入った麩まんじゅうがこちらのふたつ
「不室屋」の生麩まんじゅう
どちらも生麩が水々しくあんこがサラリとしている
もっちり
しっとり
「宮田」の麩万頭

どちらのお店も金沢のひがし茶屋街に支店があるのでまとめて入手できる
昔は本店に行かないと買えなかったけど
今は便利!!
ありがとうございます
ひがし茶屋街は有名観光地だけど
お店が多くて有名店の支店もあるし効率よく買物できるから おすすめ
箔座ひかり蔵
ここは有名な金箔屋さん
金箔の製造過程で出る「あぶらとり紙」も金沢の名物
ひがし
ジュワー
以前ここでネックレスを選んでいたら
Great!!
Beautiful!!
見知らぬ海外の男性に大絶賛されて
びっくりしたけど海外ではあれが普通なのかな
褒め方が上手ー
隣にいた連れの女性はすごい顔してたけどね
困っちゃうよね
ストレートに言われると…
でも本当によく似合ってたよ
買った
ビューティホーだよかやちゃんっ
グレートだよっ
キリ!!
ぶっ
それ以来褒める時はその時の外国人の真似をするふさおさん…

金沢は水引も有名
あい子ちゃん（私の妹）の結婚が決まった時ご祝儀袋買いに来たよね
加賀水引のご祝儀袋
そうそう、結婚式出席用に金のネックレスも箔座本店で追加購入したっけ
デザインの違うタイプ
そう考えると金沢にはお世話になってるなー
ひがし茶屋街
喜八工房
器好きのふさおさんの聖地
山中漆器直売処
フチが丸く最後まですくいやすいカレー皿や
極限まで薄くした木のボウルや
マットな塗りのお椀まで…
石川県内には他にも九谷焼とか輪島塗もあって器好きには天国！
輪島塗は良い物だけど高いよね
山中塗は木地から作ってる分安価でおもしろい商品がある
同じ県内に異なるタイプの同業種があるのって珍しいと思うよ
へー
喜八工房は加賀の本店へ行くとアウトレットもやっている
掘り出し物がザクザク!!
キャー安い♡

金沢は歴史とか伝統的なイメージもあるけど
←買った
今の時代に合わせた新しい商品もどんどん出してるね
現代美術を収蔵した「金沢21世紀美術館」もあるし街に新旧が共存してる感じ
おっこのチョーカーかやちゃんに似合いそう
どれ?
目細八郎兵衛商店
毛針チョーカー
毛針→
←くじゃくの羽
440年以上続く針の老舗が※加賀毛針のチョーカー出してる!!
アクセサリーに毛針を付けようと考えたのがすごいな
ぱっとみ虫!
※加賀毛針…鮎釣り用の、水中に住む川虫に似せた工芸品
いざという時魚も釣れるね!すごいアイデア!
うん…それは考えてないと思うけど…
←買った
よく似合ってるよ…グレートだよ…
昔ながらの伝統が残りつつ新しい物が生みだされている街
さて夕食食べて帰るか
わーいお魚ー!!
それが金沢の魅力だと思う

金沢「加賀麸司宮田」の女将直伝
生麸鍋を作ろう!!
昆布・塩ひとつまみ入れたダシ汁
具は豚肉・生椎茸・ほうれん草(ゆでる)
ポン酢
生麸
春を感じる「よもぎ」味
お湯が煮立ったら具をシャブシャブして召し上がれ!
生麸はすぐ火が通るので食べる直前に入れて下さいね
生麸は冷凍可能 食べる時は半解凍で切りましょう
お鍋には「よもぎ」味や「あわ」味がおすすめです
おでんの巾着にお餅代わりに生麸を入れると煮溶けず喉にも詰まりにくいです
味もいろいろ
生麸 しろ
生麸 よもぎ
生麸 ごま
生麸 あわ
生麸 くるみ
生麸 黒豆
生麸 しそ
生麸 ゆず

夜桜追っかけ

花見旅

埼玉県
長野県
新潟県

4月

桜前線が北上しています
!!
桜の季節が近付くと緊迫した空気が流れる我が家
それというのも
どう?今年
スッ…
まだ読めない
行きたい桜の名所が多過ぎるのだ
自然が相手なので出掛けられる日と桜の満開が重なるとは限らない
くそっわに塚の桜※がもう満開だ!! 週末には間に合わない
※山梨県
三春の滝桜※まで八分咲き…?どうなってるんだ今年は早過ぎる…!!
※福島県
念のため今年もゴールデンウィークの旅程に青森いれておいたけど弘前の桜もこの分だと散るね
日々各地の開花状況に神経を尖らせる
花見の中でも特に夜桜が好きな私たち
夜の方が人少ないし
日中だと桜の色がとぶけど夜だとくっきり見えるし
ライトアップもしてたりね
毎年狙う夜桜の名所があり
埼玉県幸手市
長野県伊那市
新潟県上越市
タイミングが合えば全部行きたい
桜次第だね
どれかひとつしか行けない年もあれば全て行ける年もある

埼玉県幸手市の権現堂堤は
家から一番近く、毎年
夜桜見物のトップバッターを飾る
権現堂、今朝
五分咲きだったのに
夕方には七分に
なった
ホームページ情報!!
明日も天気良いから
一気に満開まで
行くかも
天気予報!!
明後日は金曜日で
避けたいし
週明けは雨予報か…
よし!! 明日
行こう!!
おー!
桜の名所ともなると
ニュースにもなるし 週末の混雑は
ものすごいので 狙うは平日の夜
日程が決まると大忙し
お弁当の
献立決めてー
買い出しと
下拵えと
気温はどうかな
花見当日
おにぎり
おにぎり
卵焼きと
唐揚げと…
アチチチ…
水筒とブルーシートとー
あとは…
ふう
さぁ行こう

我が家のお花見 必需品
お弁当
中身はいろいろ
箸・紙皿・お椀
持ち歩きはプラスチック製
ブルーシート
大きめがひとつあると便利
旅先で絵つけした記念品
ニッカ原酒
ウィスキー小ビン
高性能
懐中電灯
夜はかなり冷える
熱湯ポット
インスタント吸い物
旅先でアンケートに答えて抽選に当たりもらった
インスタントコーヒー
100均で桜柄の物を
HOT用紙コップ
お尻の下に敷く
新聞紙
アルミの保冷袋と
意外と手が汚れる
おしぼり
こぼしても安心
タオル
簡易テーブル
手作り
この簡易テーブルは折りたたみラックに薄いまな板をのせた物で
どちらも100均のプラスチック製
折りたためるのでシートや新聞紙と一緒に持ち運べてGood!
ちょうど良いの探してもなかったから作ったよ

権現堂桜堤
あたたかくて夜桜日和だね
風もないしほぼ満開だな
ここにしようか
座ると分かるけど地面って結構デコボコしてるよねー
テーブルがあると物を置きやすくて良いね
さぁ食べよう
平日の夜なのにこの賑わい
お花見は日本の風物詩ですな
食事しながら花を見るなんて贅沢な気分
ガヤ
ガヤ
わい
わい
ソメイヨシノのトンネルだ！
ステキだねー
さて少し散歩しよう
桃色提灯の灯りに添って桜並木を進んで行くと見えてくるのが屋台群
あいかわらずすごい数だね
下に降りて屋台見ながら歩こうか
良いにおいのするさまざまな屋台の誘惑に打ち勝つのはとても大変
ほらほら行くよ！
特製
やきそば
ポテト

お目当ての屋台は一番端にある
いらっしゃい!!
タイラーメン
タイラーメン
からくないよ タイラーメン
タイラーメン ¥600
タイラーメン 600円
ここで秘密兵器登場
買ってきたよー
パカ
タイラーメン用ハーブ!!
ミント
パクチー
もやし
どっさり乗せて召し上がれ!
うまい!
あら良いわね!
家ではいつもそうやって食べてるよ
おいしいよね!
スープ足してあげるよ
お店の人
やったー!!
ごちそうさまー
はーおいしかったー
サービスしてもらっちゃったな
ここは菜の花と桜並木のコラボも楽しめる
今年もタイミングばっちりだね!
また来年!!

お花見の楽しみと言えば
お弁当!!
あと屋台!!
あと…
とにかく食べ物!!
な訳だが
その内容は
ロケーションごとに変化する
先に紹介した権現堂堤は
屋台のタイラーメンも楽しみなので
ごくシンプルなお弁当で
量も控え目
野菜スティック
唐揚げ
卵焼き
おにぎり
駐車場が遠く、食後も荷物は
持ち歩くので
容器も軽くて簡単な物を選ぶ
おにぎりはアルミホイル
野菜はプラカップ
ディップもプラカップ
おかずもプラパック
そして
本日出掛ける
お花見スポットには
こちら
お気に入りの
三段重で…
会津で買った
会津塗のお重
豪華お重の
三段重ね!!
おにぎり3種
紫芋の甘煮
みょうがの梅和え
スナップエンドウ
ホタルイカとウルイの酢味噌和え
卵焼き
豚ヒレ肉のジェノベーゼ風
厚揚げ甘辛炒め
油揚げのチーズ春巻
こ、これ全部
持って行くの?
早く―
ずっしり

やって来たのは長野県
高遠城址公園
たかとおじょうし
満開だ!!
ふぅ
ふぅ
タカトオコヒガンザクラで有名な!!
観桜スポット
大人ふたりです
1000円ね
日本百名城 高遠城
桜の時期のみ入園料がかかる
まずは公園内の屋台でお酒を調達
高遠の地酒 黒松 仙醸
南信州ビール2本セットと
はいよ!
地酒もください!
タッ
俺もう持てねぇぞ…
園内にシートを敷いて外でお弁当を食べるのも良いが、
私たちはいつもここ
高遠閣
昭和11年に建てられた木造2階建
国の登録有形文化財
17時以降の利用には予約が必要なので注意
はい、今週末2名です
ところで現在の開花状況はいかがですか?
予約の際聞くリアルタイムの情報はどこよりも正確で参考になる

入場料
1人200円
使いこまれた重厚な雰囲気のある木造って良いよね
わー
眼下に広がる桜!!
美しー!!
でもその価値はある
じゃあここで食べようか
うむ
窓際にぐるりとテーブルが並んでいるので桜と向かい合わせで食事ができる
いただきまーす
腹減ったー
段々暗くなってきたねー
あっ雨だ
ここ広いしロケーションバッチリであったかくて雨でも気にしないでお花見できるのに利用者少ないよね
パク
パク
モグ
モグ
お吸い物飲む？ 金沢で買った不室屋さんのインスタントだけど
飲む
お椀も持って来たのか
お湯を注ぐと焼麩の中から色とりどりの具が出てくるお吸い物！
コーヒーもあるよー
ドリップバッグだけど
人が少ないしテーブルで食べているのでほとんど家にいる気分になってくる

ふー おいしかった
お花見の時って案外冷えるから熱湯ポットが1本あると良いよね
荷物が重くなる訳だよ
雨も上がったみたいだからそろそろ行こうか
高遠城址公園は駐車場が近いので不要な物は一旦車へ置きに行ける
荷物置いて三脚取って来た!!
よし行こう
公園内は大勢の人でひしめき合うが桜が音を吸い取るのかとても静かで
広くて暗い中 花見をする人波がユラユラ動くと 自分がまるで夢の中にいるような気がしてくる
昔連れて行ってもらった夜祭を思い出すなぁ
確かにバカ騒ぎしてる客がいないいな
人は多いけどみんなゆったり桜を楽しんでいるよね
日中のお花見も良いけど夜だと人の動きがゆっくりになって落ち着いた雰囲気になるのが好き
満喫したー
また来年!

続いては新潟県
高田公園
高田公園って
お堀あるし
城址だよね？
城址って
桜多いね!!
というか
城址を公園に
している場所が
多いんでしょ
桜は後植え
だと思うよ
高田の花見は屋台がすごい
ひゃーこの屋台一体
どこまで続くの!?
プロの屋台から
地元のお店が出す屋台まで
ありとあらゆる屋台が目白押し
イカ一夜干しの
天ぷら
「する天」だって！
「ポッポ焼き」も
初めて聞いた
甘いの〜
ハフ
ハフ
この岩のりラーメンも
シンプルでうまいよ
食べ歩きもおすすめ
または
もしもし予約を
お願いします
…ところで今、桜
どのくらい咲いてます？
お決まりの
現地確認
高田駅前の駐車場に車を停めて
すぐ側のお寿司屋さんへ
寿し処なかに
こんばんはー
日本海側の
魚久しぶり
だなー
ネタが
沢山!!
いらっしゃい
ふたりともお寿司大好き!!

サラダ
白エビのかきあげ
お刺身盛り合わせ
アジのなめろう
極み握り
ドロエビ塩焼
シメサバ
おいしい!!
いくらでも入るな
雪中梅
熱燗
お茶
やっぱり海沿いに来たら海の物だね
満足!!
魚の質が違うんだよなぁ
東京より安いし!
駅から公園までは歩くと20分くらいかかるが
渋滞すごっ
公園周辺は大渋滞するので歩いた方が早かったりする

桜の時期だけ出てる臨時列車もあるよね
ガタン
ゴトン
離れた駅に車を停めて電車で高田駅まで来たこともあったね
満開だー
桜並木をライトアップした「さくらロード」は圧巻!!
照明が華やかー!!
すごいねお堀の向こうずーっと屋台と桜だよ
三脚持って来れば良かったな
高田の桜は「北国にようやく訪れた春」感があって好きなんだよな
みんなで集まって夜通し浮かれ気分って雰囲気だよねー こっちまで嬉しくなっちゃうよ
今年も良い夜桜だったー

車旅

フットワークの軽いふさおさん
運転全然苦にならないんだよねー
好きな道?
夜道・山道・初めての道!
前に車がいなければ尚良し!!
車種にはこだわらない
旅が目的で車はあくまでも手段だから
新車でも中古車でもトラックでも軽自動車でも動けば何でも良いよ
渋滞は苦手
車が少ない早朝や深夜に移動しよう
旅を楽しむ時間が増えるからね!
眠い…
時間と体力さえあれば本当は自転車旅が一番楽しいと思うな
最近の車は燃費も良いしふたりだと電車よりお得だね
出発しまーす
一人旅が長かったので
助手席で爆睡されても気にならない
歌ったり景色を見たりしながら運転する
私も免許を持っているが
目的地まで寝てて良いよ!
止めて!永眠しちゃう!!
バビューン!
一度腕前を披露したあとなぜか家庭内免停に
いやそもそも俺人の運転する車ダメなんだよ
すぐ酔うし
電車もじっと座ってると膝にきちゃって…
船旅は好きだよ!
カーフェリーとか良いよね!
ゴールド免許証
あ、でも
飛行機はあっというまに着いちゃって
旅してる実感湧かないからあんまり…
自力で行ってる感が大切らしい

トゲクリガニと千人風呂

自炊旅

青森県

5月

トゲクリガニは
小さな毛ガニのような
見た目と味で
とてもおいしい
青森県の八戸に遅い春が
やってくると
人々は桜の下でこのカニを
食べながら酒を飲むという
そんなことを教えてくれながら
ほらちょうど
ゆでたて入ったの
花見ガニとか
桜ガニとか呼ぶ
人もいるね
小さいけど
うめぇよー
一盛り
1000円!!
八戸八食センター市場棟のお兄さんが
なんとも嬉しそうな顔で
ゆでたカニを見せるので
思わず買って
宿の夕食前に
部屋で食べたら
身は少ないけど
みそがたっぷり!!
8尾も
あった!
濃厚!!
こりゃうまい
すっかり気に入ってしまい
来年はこのカニ
メインで
自炊しない?
この温泉
自炊棟あるし
八戸の市場で
食材も買える
から良いね!!
その場で翌年の予定に
組み込む
トゲクリガニを楽しみに
1年過ごし
あと11ヶ月…
あと10ヶ月…
あと9ヶ月…

来たる日に備えて専用の道具も買い揃え
コンパクトかに用はさみ
力が入れやすい
100円
かに・バイ貝スプーン2本組
100円
こんな物があるのか！
100均すごい…
買っておこう!!
時は来た
いざ八戸!!
ビューン
まずは早朝 八戸の館鼻岸壁朝市で
行者にんにくと
ウルイゲット！
臨時開市でしかも雨だったから出てるお店が少なかったよ
残念!! でも行者にんにくは買えて良かったね
八食センターへ到着！
八食センター
カニ!!
カニ!!
…あれ？
キョロ
キョロ

気のせいかな トゲクリガニがあまり 並んでないような…
今年は桜が早かった から お花見 もう おしまい？
そんなはずは… あっほら 去年の お兄さんいたよ
カニねー 今少し高くてね
うちは安く入った時だけ 出してるから…
ごめんね
去年と同じ店に行けば 同じようにカニを 買えると思い込んでた！
そうか 自然のモノなんだから 天候や漁によって 左右されて 当然なんだ…！
どうしよう 今夜のご飯…
ズーン…
少ないとはいえ トゲクリガニ置いてる 店はいくつかあったから 見てみようよ
一度利用して信頼のある 店で買いたいタイプ
他のお店は おいしいか分からないし 高いよ？
値段はともかく カニの個体差なんて たかが知れてるだろ
決めつけずとりあえず あちこちで買いたいタイプ
それに今日は 宿の炊事場 使えるんだから 生のカニだって 良い訳だし
あっそうか ゆでたての方が おいしいよね！

オス4尾1,000
オスとメスで値段が倍以上違うんだね
メス3尾2,000円
カニってオスとメスどう違うんですか?
おいしいゆで方ってあるんですか?
え…ええそうねぇ…
最近の人はなんでもネットで調べるから…
カニは沢山扱ってたけど…もうちょっと他の店も見てみようか
私の聞き方が悪かったかも…
活きカニあるよー
いらっしゃーい
ほれほれー
ツン
どうやってゆでたら良いのかな
海水くらいの塩水で一必ず水からね!
カニ入れて沸騰したら弱火で20分くらいかなぁこれでOK!
メスの方が高いけどメスの方がおいしい?
おー
メスはねぇ内子があるから好きな人はそっちだよねー
内子=卵巣やお腹に入った卵
内子食べたい?
いや、みそさえあれば良いかなぁ
肉の味はねぇ…
オスメスどっちかねー?
オスだ!!
キッパリ
オスの方がうめーんだよ
俺はオスしか食わね!
お父さん!?
いぶし銀!!

じゃあオスください!!
はーい氷多めにつけとくね
ありがとうございます
色々教えてくれたねー
次もあの店で買おう!!
生きてるカニが買えて良かったね
オスメスは好みっぽいけど地元の人がオス食べてるって言うんだから間違いないだろ
八食センターで日本酒と牛肉も買ったし
ランチへGO!
馬肉料理
吉兆
営業中
馬肉料理
吉兆 十和田店
吉兆
お待たせしましたー
ジュー…
馬肉サイコロステーキセットです
きたきたこれこれ!!
キャー
おいしい!!
良い肉使ってるよね味つけがまた良いの飯が進む!!
牛ステーキより安くてヘルシーだし

隣接の十和田馬肉屋で焼肉用の馬肉買ってきた
十和田馬肉屋
夜食べよう
良いね
十和田は緑も多いし馬肉もおいしくて良い街だね
美術館もあるよ！
美術館の売店のジェラートもおいしかったな
途中三戸や道の駅に寄りつつ
せんべいのみみ買ったー
私の好きなやっこい方ー
ホクホク
南部せんべいを焼く時はみ出した端っこ部分だけを袋詰めした物。「硬い」のと「やっこい」の２種類ある
いっぱいだね…
今夜のお宿
酸ケ湯
到着
あいかわらず立ち寄り客が多いね
今の内に夕食の下拵えをしようか
宿泊は2016年にリニューアルされた3号館
建物新しいし洗面・トイレ付き！
冷蔵庫に物干しまであるハイパー自炊部屋だな
秘湯とは思えぬ設備!!

炊事場も新しくてキレイ
冷し槽には天然水がたっぷり
トポトポ
調理器具もひととおり貸してもらえる
野菜切るねー
鍋借りてきたカニゆでるね
レンジ・コンロも無料で使えるし
食器も借りられるから楽で良いな
下拵えした食材は部屋の冷蔵庫にカニはテーブルの上に置いて冷まそう
そろそろ宿泊客の夕食時間だね
じゃあお風呂行こうか
立ち寄り客が帰り普通の泊まり客が一斉に食堂へ行く時間帯に温泉へ
すいててナイス！
カセットコンロ借りてきたよー
200円！
冷蔵庫の食材出してこっちも始めようか

酸ヶ湯の夕食(自炊)
ビール
トゲクリガニゆであげ
日本酒
牛・馬焼き肉
クレソンお浸し
行者にんにく・ウルイ入り豚しゃぶ
ゆずの村
カニ!!
1年ぶり!!
おいしい!!
お酒!!
合う!!
せっせ
せっせ
パキポキ
鍋は多いかと思ったけど余裕でいけるね
ウルイが甘くてうまい!

馬の焼き肉もおいしーい
牛より断然うまいな
いやこれは驚いた
次回は豚と牛はやめて馬だけにしよう
カニも絶対!!
オスとメス両方買って食べ比べしてみようよ
悪いね 残りのカニ肉全部出してもらって
カニが小さいから大変でしょ
酔っぱらいは細かい作業に熱中しやすい
お任せくだされ!
チャン
チャン
カニ分解完了!!
じゃあそれは明日の朝食に使うとして
片付けようか
部屋を片付け布団を敷く
湯治場だから布団もセルフ
気楽で良いね!
ここの掛布団羽毛なんだよな
フカフカ!
寝る
Z Z Z
Z Z Z

夜中
起きる
…
むくり
フゴー
フガー
ブブブ
ふさおさーん
起きてー
12時だよー
フガ？
よく寝た
すっかり
寝静まってるね
ヒソ
ヒソ
酸ヶ湯温泉名物
千人風呂（混浴）
日中は入浴客で混み合うが
夜中はさすがに人が少ない
誰もいない！
貸し切りだ!!
おっ風呂
おっ風呂

ふーいいお湯
あいかわらず夜中はすいてるね
男 女
早寝する客が多いんだろう
一応貸し切り状態でも男女の区分けは守るふたり
ここに初めて来たのは18歳の時だから もう35年前か…
遠い目
自転車旅でな…
こんな雰囲気の温泉来たの初めてでびっくりして
俺の温泉好きはここから始まったんだ
昔は今ほど目隠しのついたてもなくてドーンと広かった
男女のしきりも動かせたんだけどそのうち固定になりついには打ちつけられてな
へー色々変わったんだね
女 男
入りにくるお客さんが増えたのかもね
色々変化はあるけどお湯は昔と変わらないよ
女
あつっ
出る?
今は朝・夜の8時~9時が女性専用だから女の人も入りやすいよね
良いよなぁ男性専用時間も作ってくれないかな
女性いると気ぃ使って落ち着かないよ…

朝、
ヒバ千人風呂
大浴場（混浴）
食堂
朝食や千人風呂の女性専用時間は人がそちらへ流れるので
そのスキに
スッ
女性の内湯「玉の湯」へ!!
ドボドボ
サー
サー
広くてお湯も熱めでお気に入り!
洗い場も広いし明るいしタイミングをずらすから大抵すいてる
なんてステキなオーバーフロー…
ふーさっぱりした
おかえりー
朝食できてるよ
トゲクリガニ肉のカニ雑炊!!
ふわっ
キャー!!

うわーこのシンプルさがたまらない！
カニー♡
カニー♡
煮込んだお米がお腹に優しい…
これも食べてみて
馬肉と行者にんにくの
スタミナ源たれ炒め!!
源たれって昨日十和田で買ったやつ？
青森県民のソウルソース
県内産のにんにくとりんごが生のままたっぷり入った旨辛の万能調味料
ノンオイル✧
スタミナ源 たれ
焼肉野菜料理
そうあれ
うわ〜これもおいしい！
源たれも良いね生姜が効いてる！
これはビールですな!!
プシュッ
用意が良いことで…
チェックアウト
会計
すみません来年の予約を…
酸ヶ湯は1年前から予約が可能なので、宿泊した日に翌年の予約をしてしまうのがベスト
1年前ならすんなり予約とれるしね！
大丈夫か？
さぁまた来年来る時の予定をたてよう！

さくらんぼを買いに

山形県
宮城県

仕入れ旅

6月

東京から車で4時間半
朝6時にやって来ました
塩釜水産物仲卸市場
塩釜水産物仲卸市場
南側正面入口
カネキ渡辺商店さんで
魚介類を刺身にしてもらい
有限会社 カネキ渡辺商店
TEL(塩)364-2282
ごうか市場飯
塩釜の
板ウニ
閖上(ゆりあげ)の
ホタテ・ホッキ
赤貝
日本酒持参
純米酒 浦霞
七ヶ浜の
ガゼウニ
醤油・わさび
持参
わさびと醤油も
用意されてるけど
俺は好みの物を
持参している
買った刺身をその場で
楽しめる広いテーブル席が
市場内にあるよ!
ご飯も売ってます
本わさび
生 PURE 濁り醤(だしびしお)

お…
おいしい…
ウニ…
ウニが…
ジーン…
かやちゃん本当
ウニ好きだよね
板ウニと殻付ウニの
食べ比べは初めてだな
赤貝…!!
なんてフルーティなの…!!
酒がー
うまいー
閖上産の赤貝なんて他じゃ
いくらとられることか
今年は去年より
ウニが安いしいっぱい
並んでるね
豊漁なのかな
タイミングなのかな
とにかく良かった
ガッ
ガッ
最後はウニを敷きつめた
ウニ丼!!
生きてて
良かった…
幸せ…
いやー市場飯最高だわ
ひとり2000円
くらい?
うん
2000円でこのクオリティは
すごいよね
マグロ買おう
はいよ
今なら
本マグロだな
この前のメバチマグロも
おいしかったー

カギヤマタ但木商店さんで本マグロ購入
ブロックで1kg程
発泡スチロールに入れてくれる
宮城県の塩釜から山形県の東根へ移動
よし、東根へ出発だ
さくらんぼ売り切れていませんように！
JAのさくらんぼ直売所
よってけポポラ
到着
この不思議なモニュメントが目印
果樹王国
よってけポポラ
中は見渡す限りさくらんぼが並びそれを求める人・人・人
ひょえ〜
おねがいです
さわらないでね！
いつも激混みだから今年はわざとシーズンより少し早目に来たのに
それでも人多いな
さくらんぼも最盛期並みに出てる
さっさと選ぼう
わー
わー

ふーひと通りゲット!
これとこれと
これも
レジに並ぼう
壮観だよねみんなさくらんぼを山のように持ってて
俺たちみたいに他所から来た人間もいるんだろうけど、地元の人がかなり多いね
箱買いさくらんぼ
ジャム用さくらんぼ
食べ比べ用さくらんぼ
ジャム用
ジャム
紅さやか
¥250
さくらんぼ
山形美人
おばこ錦
¥500
よってけ ポポラ
山形特産 さくらんぼ
野菜も色々売ってる!
在来種のさやえんどう
スティックセニョール
ひょう
ひょう?
検索
スベリヒユ!!昔食べたな
パクチー
ひょう
¥100
さやえんどう
在来種
¥150

まとめ買いするから1万円超えちゃうけど
ここはクレジットカードが使えるから安心！
じゃあ私送ってくるから
荷物車に積んでおくよ
オッケー
出口横に仮設の発送受付所が建っているのだが
ポポラ売場
さくらんぼ発送受付所
最盛期には発送待ちの行列が
果てしなく伸びる
ここで送ると安いからな…
全国どこでも送料一律サービスあり
家であらかじめ配送伝票を書いて行くと早い
お願いします
九州と関東ですね
買い物と発送手続きが完了したら売場奥のジェラート屋さんへ
ずんだジェラート
さくらんぼジェラート
このジェラートは食べるべき!!
ダブル300円！
安い！
うまい！

さくらんぼ良いの買えたね
早い時期の方が加工用も多く出てて良いね
野菜も変わったのあったよ
よってけポポラは偶然見つけたんだよね
そうそう、さくらんぼの名産地だし、近くに直売所ないかなーって車停めて地図調べて
おっあるじゃん！ってね
予定外の行動で思わぬ出合いがあるから寄り道は大事
帰宅
マグロ切りまーす
副菜作りまーす
ひょう食べてみて
んー…なんかどっかで食べた味
モグ モグ
ちょっと酸っぱいでしょ
小さい頃村でよく食べたよー
雑草だったけど
酸味を活かしてゆでたひょうに梅干しを和えてたたいてみました
ねばりが出るんだね！
トロー
マグロ切れたから1階の分持って行ってくるね
ふさおさんの両親が住んでいる

完成!!
宮城&山形の味
本マグロ刺
ひょうの梅たたき
壽
マグロ皮酢の物
マグロの皮をゆでて洗いウロコを取って千切りにしお酢とめんつゆ一対一で和えて小ネギを散らす
さやえんどうと三陸わかめの白だし煮
湯浅醤油
お吸い物
白ご飯
マグロまったりー!
脂うまー!
やっぱりマグロの皮好きだなー
ひょうもいけるね
残ったマグロはヅケ汁へ…
ひと晩漬けて
あめ色に漬かったマグロでご飯を…
ぐふふ…
煮切った酒とみりんと醤油1対1対2
実は生よりヅケが好き…

さくらんぼジャムを作ろう!!
①さくらんぼは洗って種を取る
さくらんぼ
わり箸の先にストローをつけた物
ズボッ
種の取れた穴あきさくらんぼ完成
②種を取ったさくらんぼにさくらんぼの半分の重さのグラニュー糖をまぶししばらく置く
酸が強いのでステンレスかホーローの鍋で!
③鍋を火にかけさくらんぼを煮る
お好みでレモン汁やラム酒・赤ワインを入れてもおいしい
④トロみがついたらできあがり!!
熱湯消毒したビンで保存
俺はいつもさくらんぼ2種類買ってきてジャムも2種類作る
佐藤錦と
ジャボレー!
香りが良くて色もきれい!
酸味と甘みのバランスも良いし、ヨーグルトに入れると最高だね!

カルチャーショック①

カルチャーショック②

心ゆくまでヒスイ海岸

富山県
新潟県

宝探し旅

7月

ここは富山県にある
宮崎 境海岸 通称
「ヒスイ海岸」
ザザーン…
約4キロに渡って広がるこの海岸は
勾玉などに使われる宝石
全国でも珍しい「ヒスイ」原石が打ち上げられる海岸として知られている
以前たまたま車で通りかかって
下りてみようか
わぁ大勢人がいるー

ヒスイ探しをしていた子供たちに混ざって砂利を掘っていたら
違う違う
近くにいるおじさんが鑑定してくれる
これは?
くそー なかなかないなー
わぁこの石きれー
どれどれ… おっ!?
これは… 近いな
ヒスイ!?
かもしれんね
マジ!?
真贋は不明だがきれいな緑色の石を拾って
楽しい!!
良いなー
ザッザッ
ねぇねぇ どこにあった?
おーい もう行こうよー
30分たったよー
まだ やってるの?
すっかり楽しくなった所で惜しくも時間切れ
見て! これ! この石がなんとヒスイかも知れないんだって!!
へ、へー…
びっくりだねぇ 海岸に宝石が落ちてるなんて!
ロマンだね ロマン!!
そうか…?
拾った石は私の宝物になった
冷たくて透き通ってる…
本物のヒスイなのかな…

それ以来
次の連休新潟行くよね
ヒスイ海岸寄る？
わく
わく
ちょっと無理かな…
金沢行く時ってヒスイ海岸通る？
わく
わく
ことあるごとに聞き続けるが
いや通らないな…
石なんか拾って何が楽しいの？
時間がもったいないよ…
全然その気にならないふさおさん
ふさおさんは「宝石」とかに全く興味ないタイプだから…
もっとその気になる提案しないと…
ぶぅ
カチカチ
おっ近くに温泉発見！
あっ拾った石の鑑定してくれるミュージアムも発見！
海を見ながらランチなんてどう？
私が石拾ってる間ふさおさんは温泉でゆっくりしてもらって
温泉？
良いの？
その後合流して石の鑑定してもらえるミュージアムへ行かない？
海好き・温泉好き・テレビ番組の「開運！なんでも鑑定団」好きのふさおさんの心をくすぐり

ようやく2度目のヒスイ海岸へ!!
やっと来られた…
嬉しい…!!
さぁますの寿司食べようか
うき
うき
まずは海を見ながらます寿司ランチ
扇一(おぎいち)
生に近い脂の乗ったます(厚め)
俺好み!
言わずと知れた富山名物!!
マスを酢で味付けした押し寿司。店によって味わいが異なるので食べ比べもおすすめ
北海道産天然サクラマス使用!
高芳(たかよし)
あっさりとしたマスの風味と米の旨味が引き立つ酢加減
私好み!
人気店は売切も早いので可能なら予約しておくと安心!

ふむ
海を見ながら
食べるのも
良いね
ゴク
ゴク
モグ
モグ
そうでしょ
そうでしょ
この後はゆっくり
温泉入ってきてね！
じゃあね
また後
でね
さぁ
待ちに
待った
宝探しの時間です!!
うき
うき
わく
わく
用意もバッチリ!!
日除け・波除け用
薄手合羽
タオル
ビニールシート
袋
スコップ
よし
ここらへんに
しよう
ザック
ザック
…
…
ザック
ザック

ヒスイ探しは寡黙な作業
ひたすら周りの砂利を掻き分け
ザッ
ザッ
見詰める（一ヶ所につき5〜10分）
ジー…
ヒスイ海岸の砂利は色とりどりで
この色変わってるー
なんていう石だろう
まさか隕石…!?
濡れてると きれいでも乾くとそうでもない石があるんだよね
ヒスイでなくても見ていて飽きない
鑑定してもらえる石はひとり10個までだから
厳選しないと…
ん？
ザック
ザック…
わぁーこの石 発光してるみたいに真っ白ー
もしやヒスイ…

胴長靴で
波打ち際を歩く
プロのヒスイハンター
っぽいおじさま
ハッ
ジーッ
ハンター同士の
緊張感…
これは
私の!!
サッ
石掘りに没頭すること
3時間
ジリ
ジリ
ふー…
あっつ…
とりあえず気になる石を
10個拾ったし、もう
良いかな
ジンジン
納得するまで砂利を眺め
宝探し終了
ふさおさんと合流し
拾えたかーい?
おーい
車で30分の場所にある
新潟県糸魚川市の
フォッサマグナミュージアム
へ
地質や石から
地球の歴史を
学べる博物館

鑑定？
今担当の人いないから戻ってくるまで少し待ってね
担当者が来るまで中を案内してもらう※
これは化石だね こんなのも出るんですよ
ほー！
知識欲は強いふさおさん
あれ？
私の拾った石とは大分違うな…
ヒスイ原石
※館内のガイドや鑑定はやっていない日もあるので事前にお問い合わせください
さて受付へ戻りいよいよ鑑定開始！
こんにちはー
石はどれかな？
ドキドキ
鑑定団!?
これなんですけど…
ほう
ほう
石を広げると寄ってくるヒスイハンターっぽいおじさま↓
これは凝灰岩だね
おっとこれは…変はんれい岩か
さすがプロ一目見て次々と名前を当てていく
サッ
サッ
鑑定団だ!!
それぞれの石に解説書までつけてくれる
石英
Quartz
蛇紋岩
Serpentinite
変はんれい岩
Metagabbro
凝灰岩
Tuff

はい終了
ありがとうございました
ほー
ヒスイはなかったねー
まぁそう簡単には見付からないよなぁ
一番初めにヒスイ海岸へ行って5分で見付けた緑の石は
透閃石岩（とうせんせきがん）という石だった
ミュージアム見学中にヒスイではないって気付いたけど良いの
でね、今日拾ったこの石！これは蛇紋岩（じゃもんがん）っていってヒスイを地表まで押し上げた石なんだって
磁石がくっつくんだよ！
むしろヒスイよりレアじゃん！
拾った石が全て違う名前だったのには驚いた
石の名前が全部分かる人とヒスイ海岸行ったら楽しいだろうなー
ゴソッ
ん？
あっツボ押しに良さそうな形だと思って別にしておいた石
鑑定してもらうの忘れてた！
あれま
どうりで9個しかなかった訳だ
その石は今でもツボ押しとして重宝している
この石もしかしたら貴重な石かもしれないよー
地球にひとつしかない石だったりして！
グリグリ
いたたた!!
あっそこっ…

1日浅草ウォーキング

東京都

ご近所旅

8月

仕事の関係で遠出ができない週末もある
ごめんちょっと今週は東京離れる訳にはいかない
分かったー大型連休も近いし遠出はやめよう
そんな時は
浅草歩く?
良いよー
東京ウォーキング
我が家は東京下町にあり
上野・浅草が徒歩圏内
ふさおさんは数年前一念発起し運動と食事療法で15キロのダイエットに成功
♪
現在も食後のウォーキングは欠かさず 休日もできるだけ運動を心がけている
浅草には
モーニングどこで食べる?
ホットケーキ?厚切りトーストも良いね
おやつは?
夜ご飯は何にする?
うき うき
わく わく
お気に入りの食べ物やさんも多い
よーし週末は浅草名店ツアーだー!!
おーっ!!

週末
隅田川浴いを歩き
浅草へやって来ました
家出るの遅くて10時過ぎちゃったし
モーニングとランチ兼ねてホットケーキ食べようか
オッケー
ホットケーキのお店って沢山あるけど「自分好みの」ホットケーキって本当人それぞれだよね
ふわふわ・どっしり・ボリューム・素朴…ホットケーキにも色々あるからねー
特にふさおさんには追い求める理想のホットケーキがあって
さすが大人気店
フワッフワだね！
うーん うまいけどこれじゃないんだよな…
あんまり厚くなくて…
しっかりしてるけど重くなくて…
昔よく食べたんだけど…
今はないのかなー…

そんなこだわりの男
ふさおさんがようやく
これ!!
俺の好きな
タイプ
これ!!
と言ったのが
喫茶ミモザ
の
ビッグホットケーキ
カルピス
バター
メープル
シロップ
ホイップ
クリーム
なるほどねー
これがふさおさんの
言ってた
「子供の頃家で食べた
ようなホットケーキ」かー
うん
良かったねぇ
見つかって
うん!
ガツ
ガツ

それ以来ホットケーキを目当てに
ミモザへよく行く
さぁ着いた
カラン…
こんにちはー
上3ヶは
下2ヶは
大体いつもこう分ける
ミモザはサラダや紅茶も
おいしい
具沢山の
冷え冷え
サラダ
ドレッシングは
柑橘かゴマを
選べる
アイスミント
ティーセット
砂時計付き
サラダはひとり
ひとつ頼もう
お決まりですか
ビッグホットケーキと
サラダをふたつ
それと炭火珈琲と
アイスティーを
いつ来ても常連さんが
いるよね
地元に根付いてる
喫茶店なんだろう

お待たせ致しました
ビッグホットケーキです
お――!!
ごゆっくりどうぞー
うまい！
ホッフ
ホフ
ところでかやちゃんはどんなタイプのホットケーキが好きなの？
私は特にこれといって理想はないけど…浅草でたまに行きたくなるのは
珈琲天国
LAGER BEER
天国
銅板で焼かれたホットケーキがおいしくて焼印もかわいいんだよね

何より「ソーセージセット」があるのが良いの!!
ビールまである!!
私ホットケーキにソーセージ合わせるの大好き! 甘塩っぱさがたまらない♡
すまん
俺にはその組み合わせ全く理解できん
まー人それぞれ思い描く天国は違うってことだよ
あー おいしかった!
お会計お願いしまーす
はーい
ミモザもそうだけど浅草って昔ながらの喫茶店が多いよね
そうだねー
雰囲気も良いしおいしい名物もあったりするから、毎回どこで食事しようか悩むよね
例えば
珈琲屋ハロー
浅草で一番古い喫茶店!
モーニングセットがお得☆
超厚切りトースト!!
食べ応えバッグンホットサンド!!
俺はここのホットサンドが好きだなー

それとか「銀座ブラジル」
ここも好き！
浅草なのに「銀座」「ブラジル」
銀座ブラジル
バドワイザー
作りたての味は格別!!
元祖フライチキンバスケット
元祖ロースカツサンド
まだ小さかったころ祖父さんに連れられて銀座の「ブラジル」って店によく行って
そこで食べたトーストがうまくてトースト好きになったんだ
へーもしかしたらどこかでつながってるかもね！
同じ名前だし…
おっゴトーさん夏は氷もあるのか
フルーツパーラーゴトー
紅茶
レモンがジューシー！
本日のフルーツパフェ
季節ごとに変わるフルーツも楽しみだし
老舗の果物やさんがご家族で営むフルーツパーラー
ここのパフェも良いよねぇ
パフェに入ってる自家製アイスやコンフィチュールも全て単体で勝負できるくらいの完成度！
フルーツサンド
「ペリカン」のパンを使用

大人気で最近いつも行列だからタイミングよく入れた時のお楽しみ
今日はあきらめよう
それにしても暑いな
氷でも食べない？
氷良いねぇ！
どこで食べようか
ちょっと歩いて良いなら
スカイツリーの…
とちまるショップ
日光天然氷のかき氷
夏季限定の天然氷のかき氷！フワフワでうまい！
ハラリ…
シロップにも地元素材を使っていて、栃木の味覚満載だよね！
向島の「深緑堂」も良いねー
あんみつの深緑堂
あんみつ
絶品!!
黒みつきなこミルクかき氷
限定!!
かき氷は出してない日もあるしあんみつも売切れで早じまいがあるから注意！

「初音茶屋」さんの氷コーヒーもおもしろいよね
そうそう
初音茶屋
氷コーヒー
氷コーヒーは甘さが選べるんだよね
「苦め」の氷コーヒーにアイスクリームをトッピングするのが俺のお気に入り
と、とりあえず一番近いとこ行こう
ちょっと最近夏が暑過ぎて身の危険を感じる…
そうだね…ここから近くてすぐ座れそうな店…
あっ松屋があった!
「とらや」へ行こう
EKIMISE
PICKUP SPOTS
MATSUYA
浅草駅
とらや浅草松屋売店
良かった座れそう!
いらっしゃいませ!
冷たい煎茶をふたつ、ひとつは「夜の梅」とセットでー
あっ宇治金時!
これもひとつください!
かしこまりました

小形羊羹とお飲み物セット
〜冷たい煎茶で〜
麩焼・小倉あん付
宇治金時
数種類から選べる
とらやマークの入ったスリーブやおしぼりがかっこいい
おしぼり厚くてめちゃくちゃ良いやつ
はぁー生き返るー
ここ浅草散歩で少し休憩したい時のオアシスだよね
奥まってるからかスルッと座れること多いし
穴場!!
名店「とらや」の味を気楽に楽しめるなんて嬉しいねぇ
氷も良いお味!!
俺にもちょうだい!

買い物や乗り継ぎで慌ただしく行き交う人波を見ながら
ゆったり味わう「夜の梅」のうまさよ
かやちゃん「夜の梅」好きだよね
ふー落ち着いたー
復活!!
「とらや」は冬のお汁粉もうまいよねー
さて手拭いやさんまわろうか
かまわぬ浅草店
新作出たかなー
私はいつもハンカチ替わりに手拭いを持ち歩いている
手を拭くのはもちろん
防寒や日除けで首に巻いたり
食事の時ヒザに置いたり
かまわぬの手拭いは季節の柄から北欧テキスタイル・コラボ商品まで、幅広いバリエーションが魅力
最近はふさおさんも手拭いを集めだした
伝統工芸品好き↓
コレクター気質↓
これ買う?
はいはい
素質はあったんだよね…
ただふたりで買うから家にある手拭いの枚数がすごいことに…

染絵てぬぐい
ふじ屋
屋じふ
おじゃましまーす
ここの手拭いも沢山持ってるよね
伝統的なんだけどユニークな図柄やはっとする色使いが目を引くね
浅草には手拭いやさんが多いけど
お店によって趣が異なるよね
そうだね柄も染め方もそれぞれだし
「かまわぬ」と「ふじ屋」は注染（ちゅうせん）※
※明治時代から続く染料を注いで染める技法
染の安坊（あんぼう）
染の安坊
手捺染（てなせん）※の手拭いやさん
※友禅染を進化・応用させた染色技法
こちらのお店では自分の選んだ手拭いでアロハシャツを作ることができる
おもしろいね！
俺作りたい！
では2種類の手拭いを使用ということで…
柄の配置とポケットはいかがしましょう
そうだなーじゃあポケットは無地にしてー

完成!!
セミオーダー手拭いアロハシャツ!!
全体は黒地
ネコチャンが花火見てる柄
見て!
どう?
肌触りがすごく良いよー
ネコチャン
かわいい…
わー良いねえ!
似合う似合う!
花火大会とかにぴったりだね!
それ以来花火大会があると必ずそのシャツを着るふさおさん
見ないの!
♪
ネコチャン
ネコチャン
お弁当
シート
チンピラ…?
見んなよバカ!
黒地に花火柄って…
ハデだな…
少し周囲の人が離れて歩くのは多分気のせいだと思う…
事処・酒肴
水口
さて少し早いけど夕食にしようか
食事処酒肴
水口
メニュー多いから迷うなー
俺アジフライを定食にしてポテトサラダも食いたい

どん
レモンサワー
名物いり豚
玉ネギシャキシャキでおいしい
味噌汁はあさり入り!
定食のご飯は量が選べる
シューマイ
ポテトサラダ
衣ザクザク
アジフライ
自家製ぬか漬
自家製マヨネーズ付!
カニサラダ
ここのぬか漬大好きーいくらでもいけちゃうー
ポリ
パリ
ポテトサラダもシンプルでしっかりおいしいの!
食事処でもあるから俺みたいに飲まなくてもOKだし
いつ来てもなんだか懐しい気分になるよ
モグ
モグ
ごちそうさまー
はーおいしかった
私一人暮らしだったら毎日水口さん来ちゃうかも
まだ明るいし浅草寺の方まわって帰ろうか
オッケー

西むら
あっ「龍昇亭西むら」
デザートに水大福買っていこうか
西むら
どら焼
水羊かん
水大福
良かった まだある
水大福ふたつください
はーい
水大福 162
羽衣
「西むら」の水大福
つるりん
ちゅるん
5月から出始める夏限定商品
麩まんじゅうと似てるけど別物!
大福だよー
持参した保冷バッグに入れて持ち帰る
用意が良いな
ちゅるんとした舌触りとサラリとしたこしあんが涼しくて夏にぴったり!
大好物!
これが店頭に並ぶと「今年も夏が来るな」って感じるよ
今日もよく歩いたー
帰ったら水大福食べよう!

ひょんなことから淡路島

兵庫県

バトン旅

9月

定番コースや仕入コースなど私たちの旅には大体決まったパターンが存在するが
へぇー…
ここ行きたいな
どこどこ？
最近新たなパターンが増えた
淡路島？あー島も良いねー
メモしとく
淡路島特集
美食の島へ…
その名も…
バトン旅
バトン旅とは旅先でつかんだ情報を元に次の行き先を決める旅のこと
例えば山形の温泉宿にあった雑誌から
うわー鮎おいしそう！ここ行きたいな
夏休みに行こうか
石川の料理旅館へ天然鮎尽くしの旅
いただきまーす!!
和田屋
仙台のパンケーキ屋の雑誌から湯布院のコーヒー屋へ
コーヒーもうまいしフレンチトーストが絶品だな
湯布院来るたび必ず寄る店になったね！
YUFUMIDOORI
由布見通り珈琲
能登のレストランの雑誌から金沢の最中屋へ
かしこと最中屋
注文後に炙ってくれるから最中の皮がパリパリ！詰めるあんこも選べるしまさに「出来立て」！

お気に入りのお店や宿にはそこの人が選んだ本や雑誌が置かれていることが多いから
それをチェックすると高い確率で次行きたい場所が見つかるんだよね
類友ー
元々そこの味や雰囲気が好きで訪れてる訳だからね
雑誌だけでなくクチコミもすぐ採用する
せんべい買うなら三戸が良いよ
これも三戸の…
へー!! 明日寄ってみます
私たちにとって旅とは常に次の旅への経過なのだ
どこにバトンが落ちてるか分からないから
旅の間は常に気が抜けない
メモしなきゃ!
さて今回のバトンは
静岡の「炭焼きレストランさわやか」の順番待ち中に見付けた
3名様でおこしのヤマモト様ー
「淡路島」に決定!
すぐ雑誌に載っていた宿へ予約を入れ
もしもし…
ガイドブックを買い
ガイド買って来たよー
出発
下調べしたけど淡路島って色々あるのね!
ほほう

そんなこんなで淡路島へ上陸!!
ひゃっほう!!
まず驚いたのが食べ物のおいしさ
朝食——
道の駅なのに…
なんだこのクオリティは!!
道の駅あわじ
鯛飯
オニオンスライス
安いし!
昼食は予約しておいた寿司屋へ
林屋鮓店
ネタが厚い!!
魚がうまい!!
おいしー!!
翌日のお昼はハンバーガー
あわじ島バーガー淡路島オニオンキッチン本店
すごいな パンと具のバランスも良いし…うまいぞこれ
朝食後なのにおいしいから食べられちゃう~
太るー!!
あわじ島スウィーツオニオンリング
あわじ島オニオングラタンバーガー
すだち酢カッシュ
宿泊した宿の食事も…
南海荘
鯛の宝楽焼
でかっ
うまっ
活き造り
とにかく鯛が驚くほどおいしい
えっ平日はイタリアンのコースプランがあるんですか
わー食べてみたいなー

いやいやいや
驚いたな
魚介の豊富さは
島ならではだと思うが
調理もうまい
味にうるさい
関西が近いから
洗練されるのか…
肉・魚・野菜・米と
全て揃うなんて
豊かな島だね！
どこを走っても
すぐ海が見え
気持ち
良いねー
少し陸に入れば緑豊かな
公園がいくつもあり
腹ごなしに
もってこい
良い眺め!!
ふぅ
ふぅ
高田屋嘉兵衛の
墓参りもできる
江戸時代後期に活躍した
淡路島出身の偉人だよ！
祝・生誕250周年
農産物直売所があちこちにある
美菜恋来屋
みなこいこいや
淡路島で唯一野菜・鮮魚・
精肉の生鮮三品が揃う
「農畜水産物直売所」！
淡路島牧場の
匠牛乳を使った
ミルクソフトクリーム
ソフトクリーム
うまいなー
あわじ島の
おいしい
お米
パリパリで味が濃くて
うんまい
大江のり
は
島のスーパーで安く手に入れ
お土産に…
あわじ
大江のり
味附海苔

福良マルシェ
淡路島名物の玉ネギ10kg箱買い
どん
淡路島の玉ネギは甘くてジューシー♡
あわじ島産玉葱
玉葱
隣接するジェラート屋
G・エルム
お好みジェラート12ヶ宅配
どどん
ちべたい
さぁ帰ろう
淡路島気に入っちゃったー毎年来ようよ
バトン旅だったのに食材買いまくって仕入旅みたいになっちゃったね
フッフッフッ…
そこは抜かりなく!!
えっ
宿で読んだ雑誌が「島」特集だったんだけどその中に出てた「こまめ食堂」
ここのおにぎり定食がとってもおいしそうなの!食べたい!!
へー!場所は?
小豆島!!
小豆島か!国産オリーブも気になるし一度行ってみたいね
映画「二十四の瞳」の舞台だよねー
バトンはこうして引き継がれるのであった——

秋の稔りをいただきます

岐阜県
長野県

甘味旅

10月

岐阜県中津川市で毎月※第一日曜日に開かれる六斎市
※1月は除く
六斎市は9時開始
到着したらまずは…
すや本店
栗蒸羊羹(くりむしようかん)3本ください
いらっしゃい
3600円です
9月から限定販売されるすやの栗蒸羊羹
栗がゴロゴロ入った優しい甘さの蒸し羊羹
通常1620円が六斎市の時だけ1200円!!
お得!
いつもより安いわ
安い
近所の人が群がっている
さてお次は…
中津川駅前
にぎわい特産館1階で
栗きんとんを買う
原材料はほぼ栗と砂糖のみ!素朴かつ贅沢な和菓子
栗きんとん
館内には市内の和菓子屋の栗きんとんがずらりと並ぶ
1個から買えるんだね
全店買ってみて食べ比べしよう!

栗きんとんを買ったらまた移動
すや西木 甘味処 榧
何名様ですか？
ふたりです
一回転目に入れて良かったね
この時期は人多いからなぁ
どうしても食べたい物がある場合にはあらかじめ数日前にお店へ電話して
混雑状況どうですか？
あ、やっぱりすごい？
15時で行列が売店まで？
状況を聞いておく
平日の忙しくなさそうな時間帯にかければ大抵親切に教えてもらえる
やっぱり週末の行列はすごいって
行列に並ぶと時間が読めないから行くなら開店前にしようか
前もって情報を集めることである程度予測してスケジュールを組める
お待たせ致しましたー栗しるこです
ホカ
ホカ
おー!!
榧

栗のみで作られたお汁粉！良い味だねー
10月〜12月限定…
餅もうまいし野沢菜がまたよく合うなー
ハフ ハフ
ポリ ポリ
たった一本の電話で当日まわれる場所がぐっと広がるからあなどれない
さぁ次はきのこだ!!
この時期あちこちの道の駅で並ぶ天然のきのこ
舞茸
松茸
良い香りー
高価だけど東京で買うよりはるかに安い！
見つけたら買い!!
松茸はホイル焼きに
この調理法が一番香りを楽しめる
はー体中が松茸の香りでいっぱい…
一緒に蒸したサワラとの相性もバッチリだな
スダチをしぼって〜
フハー
ハフー
舞茸はほぐして冷凍しておく
お鍋やパスタなどに少し入れるだけで香り＆旨みアップ!!

食後は栗きんとん食べ比べ
ほぼ材料は同じなのに お店によって全く味が違うのがおもしろいね
ほくほく・しっとり・さらさら…甘みもそれぞれ違うな
好みはメモしておいて
翌年の参考にする
俺これ一番
これも結構好き
私はこれ
あとこれも…
栗きんとんはそうでもないけど
栗の限定スイーツってどこも行列してるイメージ
みんな栗好きなんだね
俺たちも並んでるから人のこと言えないけどな
中でも行列で有名なのが長野県
小布施堂の
でかっ
栗の点心 朱雀
朱雀とは新栗を裏ごしして素麺状にしたものを栗あんの上にのせた和菓子で
すごい技術!!
ふわっ
人気すぎて8時半から当日の整理券が販売されるのだが
8時半にはすでに並んでいる人の分で整理券が終了していることも…
整理券もう終了!?
スミマセン
本日分 終了
8時半なのに!?

年々行列がひどくなっていってるよね…
先頭の人なんて寝袋持ってたよ
朝3時から並んだらしい
そこまでするか
8時半にようやく行列が動き出すが
朱雀ひとつお願いします！ふたりで食べます！
先にお会計
大きいのでひとつをふたりで食べる人も多い
並んだ順に時間が割り振られるので
14時の回だ
さてそれまでどうしようか
旅のスケジュールが朱雀によって左右され「朱雀を食べるため」だけの旅になりがち
まぁほとんど風物詩みたいなものだよね
並ぶことも含めてイベントというかー
えー私は味も好きだよ！おいしいよあれ
まぁな… でもふたりでひとつくらいがちょうど良いかな…
そ、そうだね…
ビクッ

あれは初めて朱雀を求めて行列に並んだ日のこと――
冷えるね
寒い
ガタ
ガタ
あっ開いた！良かったね列動き出したよ
いやー小布施の朝がこんなに冷え込むとは…知らなかったから薄着で来ちゃった
まぁ日陰だったしなー
ゾロ
ゾロ
へーこれが食券代わりなんだね！無事買えて良かったー
杉玉…酒屋!?
まだ早いしちょっと時間つぶさない？
そ…そうだね…
蔵元 桝一市村酒造場
カウンターで軽く飲めるの良いねー
角打ちっぽい！
ひたし豆もおいしいよ
生き返るぅ
甘酒
ふー結構飲んだなー
おっ朱雀そろそろ行こうか
ご…ごめんふさおさん
何か目が回るんで車で横になってて良い？
えっ朱雀は!?
もうお金も払ってあるし、もったいないからふさおさんだけ食べてきて…
え〜〜〜!?

あれは恥ずかしかったなぁ……
カップルやグループ客に囲まれて男ひとりで特大スイーツ…
フッ…
食っても食っても減らないし 味なんてほとんど分からなかった…
だからごめんって
ちゃんと翌年リベンジして一緒に食べたでしょ！
ふたりで食べたらおいしく感じた！
うん
朱雀は時間に余裕がある年に食べる限定品だが、秋の小布施には他にも限定品が…
栗の木テラス
新栗のモンブラン
↱通常のモンブランが季節限定で新栗に!!
喫茶室で紅茶と共にゆっくり頂くのもおすすめだが
栗の季節はいつも大混雑なので
だめだこりゃ…
買って帰って家で食べる
あらかじめ電話予約しておくと必ず買えるし受け渡しもスムーズ
モンブランと紅茶の組み合わせ最高！
「栗の木テラス」
「アテスウェイ」
「ラ・ペッシュ」
奈良
東京
長野
これが我が家好みの3大モンブランだね

ときには箱根でゆっくり

神奈川県

居続け旅

11月

普段は元気な私たちですが…
ふー お互い今月は仕事忙しいな
どこか行きたいけど体が…
遠出するヒマも気力もない…
そんな時には
箱根にしとくか
朝はパンでも買って車内で食べて
朝イチから天山ね オッケー
休日 8時50分
箱根 天山湯治郷 着
天山湯治郷
9時
ゴォーン…ゴォーン…
鐘の音で入場開始
あ、開いたね
行こうか
いらっしゃいませー
お得な木札（木製の回数券）
もう20年近く通っているので木札も10枚目くらい…
ふたりです
11番12番頂きます
カンカンッ
出すと温泉マークを打ち込んでくれる

いつも思うんだけど
天山に入ると空気が変わるよね。お香の香りがするからかな
良いにおいだよね！
ヒタ ヒタ
じゃっ!!
ごゆっくりー
ゆかた
おとこ
おんなのゆ
まずは2階の休憩所へ
トントントン
女性の脱衣場と2階の休憩所は江戸時代北条家の姫君が暮らしていた商家を移築した建物
ズルズル
落ち着くー
バフッ
外は山の緑と温泉を楽しむ女の人たち
水の音と鳥の声
ピチチチ…
キャッキャッ
時間なくて読めなかった本持ってきたからまとめ読みしよう
幸せ！

その頃おとこ湯では…
ふー あっちい
寝落ち
ZZZ…
おとこ湯
ひょーっ 水風呂 きもちぃー
走らないの！
キャー
ドタドタドタ
上こんな なんだー
へー
16時
…
お腹 すいた…
むくり
アラーム
ブーッ ブーッ
お待たせー
ご飯食べようか
ホカ
ホカ
食事処「楽天」
箱根山麓豚の温泉 湯ぐりをラーメン玉で にんにく入れて ください
かしこまり ましたー
ちゃわん蒸しと おしんこ・瓶ビール お水もピッチャーで お願いします
ピッ ピッ
ずっとお風呂 入ってたの？
うん、出たり入ったり
かやちゃんはまだ 入ってないんだね
寝てたー

お待たせしましたー
箱根山麗豚の温泉湯ぐり
追加温泉水
豚肉
野菜
豆腐
餅
ラーメン玉
薬味
瓶ビール
箱根で唯一飲泉許可を得たpH9.3のアルカリ泉を使ったしゃぶしゃぶ
ゆかりご飯
ちゃわん蒸し
おしんこ
ポン酢
ゴマダレ
温泉水足して足して！
後でスープ飲むから
野菜入れて！ラーメンは後
追加で新メニューの野生猪肉も頼もう
煮えた？肉入れるよー
うんうまい！
ここ来たら毎回これだけど
不思議と飽きないんだなー

なんていうか もうセットだよね
温泉入ってー 湯ぐくり食べてー のんびりしてー
そう全てセットで 天山なんだよ
初めて来た頃は まだ入浴施設しか なくて
来るたび休憩所・食事処と どんどん増えて 風呂にも シャンプー・リンスが 置かれるようになって
自然のために石鹸シャンプーと クエン酸のリンスなんだよね
働いてる人とか 食事メニューも少しずつ 変わってるけど
全体の雰囲気は 変わらないよね
心地よくて気が抜けて ここだけ時間が 存在しないような…
野天風呂っていうだけ あって周りの自然を そのまま残してあるのが 良いんだよな
時代はどんどん変わるけど 自然ははるか昔から そこにある訳で
寝ころがって空とか山とか 見てるとスーッと頭の中が 静かになるの
ごちそうさまー
さて食後に コーヒーでも?
良いねぇ
1階
カフェ うかれ雲
うかれ雲スペシャルを ふたつと…
チョコレートタルトと フローズンヨーグルトを！

うかれ雲スペシャル
源泉で淹れたコーヒー
苦み強め
フローズンヨーグルト
ひやー
ほてりを冷まして
チョコレートタルト
ほぼチョコ
足元に温泉流してる管が通ってて冬でもあたたか
この後どうする？
まったり…
食べたばっかだから少し休もうか…
フー
フー
天山に来た時はひたすらのんびりする
そういえば売店に天山手拭いの新色出てたよ
黒!!
へー今まで青使ってたけど黒もかっこいいね！
コーヒータイムの後は休憩所でひと休み
お休み処ざしきぼっこ
すいてる
ふさおさんに軽くマッサージをしてあげる
ふご
ZZZ…
ギュッギュッ

Z Z Z…
Z Z z…
さぁ帰る前に もうひと風呂
眠…
昼間は利用客で ごった返す温泉も 夜はかなり落ち着いている
露天の泡風呂で 寝湯をして
シュワ シュワ
天山で一番古い岩風呂 祖え湯(もとのゆ)で 石像にごあいさつして
こんばんはー
2018年12月にできた 源泉蒸し湯で蒸されて
各席にシャワー付きの 蒸し風呂って初めてだな…

あー
さっぱりした!!
お待たせー
帰ろうか
23時
天山を出る
ありがとうございました
お気をつけてー
お休みなさい
ゴォーン…
ゴォーン…
はー
満足 満足!!
あっ星すごい
出てるよ!
さぁ帰ろう
東京まで
約2時間
ここは近いし
ほとんど我が家の
風呂感覚で来るな
外国の人多いよね
今日いたグループずっと
「スペイン、スペイン」って
言ってるからスペイン人かと
思ったら「スピン!」だったの
すべるよ!だった
男風呂は
入れ墨の人がいて
カラフルだったぞ
天山は「ひとり客に限り
入れ墨OK」だからな
みんな静かに入ってるよ
いろんな人がお湯楽しんでて
本当に良い共同湯だね

中身
天山はもちろん立ち寄り湯には欠かせない！
浴室セット
シャンプー・リンス・石鹸
クレンジング・ハブラシ
5分でメイク完了！
化粧ポーチ
・BBクリーム
・おしろい(鏡付)
・眉墨
・リップクリーム
・ビューラー
お風呂カバン
虫よけスプレー
日焼け止め
化粧水
タオル
洗い用と
湯上がり用
強くて軽いナイロン素材
外も中もポケット沢山
小銭
ロッカーや
下駄箱用
(天山では不要)
着替え
本
仮眠セット
耳栓
マスク・ストール・
空気枕・アラーム用ガラケー
カバン屋さんのバーゲンで7千円↓3千円!!
造りが頑丈で重宝してます
アラームにガラケーを使うのはバイブにして頭の下に置いても壊れなさそうだから…
それにスマホって10万くらいする高価な物だから置きっぱなしにして寝るのは怖い
ガラケーなら安いから安心！
日本だしスマホ持って行かれるような事はないと思うが…
貧乏性&心配性…

とろとろ温泉湯どうふ

佐賀県

本場旅

12月

12月24日
ピンポーン
はーい
何だった？
九州の伯父さまからだった
お歳暮みたい
ペリペリ
佐嘉平川屋嬉野店の
温泉湯どうふセット!!
温泉とうふ
温泉とうふ用
豆腐がぎっしり…
食べたことある？
ないけど有名だよね
さっそく頂こう
豆腐でホワイトクリスマス！
ふむふむ「調理水と豆腐を火にかける」
簡単だな
「野菜や肉を入れても良い」…普通の鍋と同じ感じ？
おー
トロトロしてきた!!

うわーおいしい!
初めての食感…トロトロで甘くて
豆腐の新しい食べ方だな
へぇ!
これはハマる!
豆腐のあとにしゃぶしゃぶ肉入れると心なしか肉がふっくらするような…
調理水効果?不思議!!
うま
うま
ガツ
ガツ
あーうまかった
伯父さまにお礼言っといてね…
ん?
嬉野へ…行きたいのです…
本場で…食べてみたいのです…
キラ
キラ
あー…分かったよ 行こうか嬉野
年末
ひゃっほう!!
早朝
嬉野温泉到着!!
…ってまだ暗いからどこも開いてないな
あっあそこ明るい
お城?

嬉野温泉
シーボルトの湯
公衆浴場だ
営業早いね！
お風呂!! 入ろう!!
嬉野温泉
シーボルトの湯
どこから？
東京!! 温泉湯どうふを食べに来たの？
おはようございます〜
入場料
400円
400円…安っ！
これ温泉湯どうふ出す店のマップね
朝食で食べたい？
早い所でも10時開店ねぇ
昔からやってるのはここでお土産でも扱ってるのは…
バサッ
まだ早いしお風呂出たら2階の大広間で寝てて良いよ
ずっと運転してきて疲れたでしょう
浴場のスタッフさんがめちゃくちゃ親切!!
ありがたや――
はい地図！
ふーっ
気持ちいー
肌あたりの柔かい透明なお湯
つるつるするー
フゴー

おじゃま
しましたー
はーい
お気をつけてー
観光？
何か探してる？
地図あるよ
街の観光案内所も
兼ねてるのかな
細かく教えてくれたね
誰にでも声かけて
街の案内してたし
スタッフさんが
世話好きなのかも
来て良かったね
宗庵よこ長
湯どうふ
宗庵よこ長
いらっしゃい
早いわね
どうぞ座ってー
落ち着いた
お店だね
湯どうふ単品ふたつに
おからコロッケと
かしわ飯つけようか
はいどうぞー
ほわぁ
湯どうふ
かしわ飯
おからコロッケ
薬味
いただきまーす

パクッ
おっ…
おっ…
おいしい!!
これが温泉湯どうふ…!!
うっすら温泉水の味がして…
なんだろうこの味毎朝食べたい
ほんのり塩味の温泉水が豆腐にしみこんでなんとも言えないまろやかさだね!
伯父さまに送ってもらった方には温泉水の代わりに「調理水」が付いてて
それでもかなりおいしく感じたけど
ビックリ!!
本物の温泉水で作る温泉湯どうふは全くの別物だね!!
この味はここに来ないと味わえないよ
来て良かったー
遠いのが難点だけどまた来たいな
具入りの豪華な湯どうふもあったけど、温泉の味を楽しむなら豆腐のみの湯どうふで正解だったね
さーてせっかくだから唐津と伊万里も寄っていくか!
唐津行くなら「けえらん」食べたい!
あーあのあんこ入った和菓子かうまいよねあれ…

エピローグ
バタン
ただいまー
ふう ふう
いかがでしたか？私たちの二人旅
気になるコースはありましたか？
早く冷蔵庫へ!!
元来ものぐさで腰の重い私
一番の幸せは寝ころんで何か食べながら本を読むこと
旅好きのふさおさんと出会わなければ
日本各地の美味を思い出して悶絶することも
淡路島のイタリアン
うおー
トゲクリガニ！
新栗のモンブラン
利尻のウニ
鵡川のししゃも
猿払のホタテ
温泉湯どうふ！
時間を忘れ見入ってしまう絶景も
きっと知らないまま幸せに暮らしたことでしょう

初めこそふさおさんのペースで進んでいた旅ですが
次の旅行の日程表作ろう
前回行った時のメモを参考にして…
調べ物好き
メモ好き
計画好き
お弁当持って行って外で食べない？
時間あるから下道で行ってみない？
「素泊まり」も楽しそう
倹約好き
お弁当好き
えっ
出掛け続けるうち地が出てきて…
ふさおさんにも変化が
下道走るのも良いね
高速代が浮くし
道の駅にも寄れるし
お弁当持参なんて考えたこともなかった
外で食べるとうまいな
安上がりな分他にお金使えるし
素泊まりも面白いね
気楽だし旅のパターンも増えるし
二人旅になって一番変わったのが「食」だな
一人旅の時はひとりで入りやすい店やサッと食べられる物を選んで食べてたけど
お酒を飲むかやちゃんとなら居酒屋に入れるでしょ
その土地の物を気軽に食べたいなら居酒屋が便利なんだよね
酒のつまみだからポーション小さくて種類食べられるし
ふたりだから挑戦できるメニューや量や値段って実際あるよ

とは言え旅は俺の趣味だし
いつも付き合ってもらって悪いね　休日は家で本読みたいでしょうに…
いやそれが案外本と旅って似てるんだよ
どっちも知らない世界に行けて
行くたび違う発見がある所とか！
？
本はひとりでしか読めないけど
旅は何人でも同時に楽しめるのが良いよね
今は本と同じくらい旅も好きだよ！
たまたま出会い共に出掛けるようになったふたり
タイプが全く違うふたりだからこそ！
運転よろしく!!
力を合わせれば最強の旅ができるね！
下調べは任せた!!
これからも夫婦揃って東西南北!!
それではまた旅でお会いしましょう!!

旅リスト

8月　東京都

喫茶ミモザ
東京都台東区浅草 4-38-6
03-3874-2933
www.asakusa-mimosa.com

珈琲 天国
東京都台東区浅草 1-41-9
03-5828-0591

珈琲屋ハロー
東京都台東区浅草 1-2-11
03-3841-8600

銀座ブラジル
東京都台東区浅草 1-28-2 2F
03-3841-1473

フルーツパーラーゴトー
東京都台東区浅草 2-15-4
03-3844-6988

とちまるショップ
東京都墨田区押上 1-1-2
東京スカイツリータウン・ソラマチ イーストヤード 4F
03-5809-7280
www.tochimaru-shop.com

あんみつの深緑堂
東京都墨田区向島 5-27-17
03-6658-5449
twitter.com/shinryokudo

初音茶屋
東京都台東区浅草 2-23-3
03-3844-7658

とらや 浅草松屋
東京都台東区花川戸 1-4-1 松屋浅草 1F
03-3842-1111（代表）
www.matsuya.com/m_asakusa

かまわぬ浅草店
東京都台東区浅草 1-29-6
03-6231-6466
kamawanu.co.jp/shop/asakusa.html

染絵てぬぐい ふじ屋
東京都台東区浅草 2-2-15
03-3841-2283
www.instagram.com/tenuguifujiya

染の安坊
東京都台東区浅草 1-21-12
03-5806-4446
www.anbo.jp

食事処　酒肴　水口
東京都台東区浅草 2-4-9
03-3844-2725
asakusa-mizuguch.main.jp

龍昇亭西むら
東京都台東区雷門 2-18-11
03-3841-0665
asakusa.gr.jp/shop/nishimura.html

9月　兵庫県

道の駅あわじ
兵庫県淡路市岩屋 1873-1
0799-72-0001
userweb.awaji-bb.jp/awaji

林屋鮓店
兵庫県淡路市岩屋 1168
0799-72-5544
awaji-hayashiya.nobushi.jp

あわじ島バーガー
淡路島オニオンキッチン本店
兵庫県南あわじ市福良丙 947-22
道の駅うずしお
0799-52-1157
www.facebook.com/awajishimaburger

南海荘
兵庫県南あわじ市阿那賀 1603
0799-39-0515
www.nankaiso.com/main

高田屋嘉兵衛の墓
兵庫県洲本市五色町都志 1087 高田屋嘉兵衛公園　ウェルネスパーク五色内
0799-33-1600
www.takataya.jp

美菜恋来屋
兵庫県南あわじ市八木養宜上 1408
0799-43-3751
www.minacoicoiya.com

福良マルシェ
兵庫県南あわじ市福良甲 1530-2
0799-52-1244
www.uzu-shio.com/fukuramarche

G．エルム
兵庫県南あわじ市福良甲 1530-2
0799-50-2332
www.rakuten.co.jp/g-elm

10月　岐阜県　長野県

すや本店
岐阜県中津川市新町 2-40
0120-020-780
www.suya-honke.co.jp

にぎわい特産館
岐阜県中津川市栄町 1-1 にぎわいプラザ 1F
0573-62-2277
nakatsugawa.town/tokusankan

すや西木　甘味処 榧
岐阜県中津川市中津川 1296-1
0573-65-1718
www.suya-honke.co.jp/kaya.html

小布施堂本店
長野県小布施町 808
026-247-2027
www.obusedo.com

栗の木テラス
長野県上高井郡小布施町小布施 784
026-247-5848
www.kanseido.co.jp/shop/obuse

11月　神奈川県

天山湯治郷
神奈川県足柄下郡箱根町湯本茶屋 208
0460-86-4126
tenzan.jp

12月　佐賀県

佐嘉平川屋嬉野店
佐賀県嬉野市嬉野町下宿乙 1463
0954-43-1241
www.saga-hirakawaya.co.jp/ureshino_ten.html

嬉野温泉シーボルトの湯
佐賀県嬉野市嬉野町下宿乙 818-2
0954-43-1426
www.city.ureshino.lg.jp/sightseeing_culture/458.html

宗庵よこ長
佐賀県嬉野市嬉野町下宿乙 2190
0954-42-0563
yococho.com

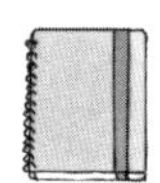

うまうま

1月　和歌山県

熊野本宮大社
和歌山県田辺市本宮町本宮
0735-42-0009
www.hongutaisha.jp

伊せや
和歌山県田辺市本宮町湯峰 102
0735-42-1126
www.yunomine-iseya.com

湯の峰温泉売店・食堂
和歌山県田辺市本宮町湯峰 110
0735-42-1081

2月　茨城県　栃木県

めんたいパーク大洗
茨城県東茨城郡大洗町磯浜町8255-3（大洗港第二埠頭内）
029-219-4101
mentai-park.com/park/ooarai

那珂湊おさかな市場
茨城県ひたちなか市湊本町 19-8
029-263-7008（魚一）
www.nakaminato-osakanaichiba.jp

スリランカ料理コジコジ
茨城県水戸市渡里町 2305-6 2F
029-353-8620
twitter.com/cojicoji_saru

道の駅 常陸大宮～かわプラザ～
茨城県常陸大宮市岩崎 717-1
0295-58-5038
www.michieki-hitachiomiya.jp

舟納豆
茨城県常陸大宮市山方 477-1
0295-57-3337
www.funanatto.co.jp

農事組合法人奥久慈しゃも生産組合
茨城県久慈郡大子町袋田 3721
0295-72-4250
www.facebook.com/ 農事組合法人奥久慈しゃも生産組合 -1131761710181318/

こんにゃく関所
茨城県久慈郡大子町袋田 2698-8
0295-77-5011
konnyaku-sekisyo.com

ゆば壱
茨城県久慈郡大子町袋田 2698-8
0295-72-1711
yubaichi.com

奥久慈屋 吉餅
茨城県久慈郡大子町袋田 2247-7
0295-72-1155
okukujiya-kichibei.com

弥満喜
茨城県久慈郡大子町大子 741-1
0295-72-0208
daigo-yamaki.sakura.ne.jp

道の駅きつれがわ
栃木県さくら市喜連川 4145-10
028-686-8180
michinoeki-kitsuregawa.jp

3月　石川県

加賀麩不室屋　東山店
石川県金沢市東山 1-25-3
076-213-3330
www.fumuroya.co.jp

加賀麩司宮田　東茶屋街店
石川県金沢市東山 1-15-6
076-252-1002
www.kagafu.co.jp

箔座ひかり藏
石川県金沢市東山 1-13-18
076-251-8930
www.hakuza.co.jp

山中漆器直売処（喜八工房・金沢店）
石川県金沢市東山 1-26-7
076-251-1151
www.kihachi-web.com

目細八郎兵衛商店
石川県金沢市安江町 11-35
076-231-6371
www.meboso.co.jp

4月　埼玉県　長野県　新潟県

権現堂桜堤
埼玉県幸手市内国府間 887-3
0480-44-0873
www.gongendo.jp

高遠城址公園
長野県伊那市高遠町東高遠
0265-94-2556
www.inacity.jp/shisetsu/koenshisetsu/takatojoshikoen.html

高田公園
新潟県上越市本城町 44-1
025-526-5111（公園管理係）
www.city.joetsu.niigata.jp/soshiki/toshiseibi/takada-park.html

寿し処なかに
新潟県上越市仲町 4-3-4
025-522-9356

5月　青森県

八食センター
青森県八戸市河原木神才 22-2
0178-28-9311
www.849net.com

馬肉料理　吉兆　十和田店
青森県十和田市西三番町 15-4
0176-24-9711
odagirisangyou.com

酸ヶ湯温泉
青森県青森市荒川南荒川山国有林酸湯沢 50
017-738-6400
www.sukayu.jp

6月　山形県　宮城県

塩釜水産物仲卸市場
宮城県塩竈市新浜町 1-20-74
022-362-5518
www.nakaoroshi.or.jp

よってけポポラ
山形県東根市中央東 3-7-16
0237-41-0288
jahigashine.or.jp

7月　富山県　新潟県

宮崎・境海岸（ヒスイ海岸）
富山県下新川郡朝日町宮崎及び境
0765-83-1100（朝日町商工観光課）
www.town.asahi.toyama.jp/kankojouhou/shizen/1450750202757.html

扇一
富山県富山市小泉町 54-11
076-491-0342

高芳
富山県富山市本町 3-29
076-441-2724
www.takayoshi-masuzushi.com

フォッサマグナミュージアム
新潟県糸魚川市一ノ宮 1313
025-553-1880
www.city.itoigawa.lg.jp/fmm

あとがき

「もし自由に仕事を選べるなら、旅や食べ物メインのコミックエッセイを描く仕事がしたい」

この思いが全ての始まりでした。

軽い気持ちでそう思ったものの、調べてみると「旅やグルメのコミックエッセイは世の中に溢れていて、一作目で描くにはハードルが高い」と分かりました。

まずは自分にしか描けない話を描いて自分を認知してもらうところからだと、昔暮らした村の話を百円の自由帳に描き始め、少し描けたところで「プロの意見も聞きたいな」と文藝春秋のコミックエッセイルームに投稿し、連載が決まり、『カルト村で生まれました。』という単行本となりました。

もともと村の話は自分からすると〝隠し事〟であり、「旅の話を描きたい」という目的がなければ表に出そうとは思わなかったでしょう。
幸運にも、二作目、三作目と本を出版させていただき、四作目にして念願の旅の話にたどり着きました。応援してくださった読者の皆様に心より感謝申し上げます。
そして作中に出てくる全てのお店や名所のご関係者様！　お忙しい中、原稿のチェックから修正のご提案まで真摯にご対応いただき、本当にありがとうございました。お陰さまで、この本が出来上がりました。
私自身、食べ物が出てくる話を読むのが大好きなので、おいしいものがたくさん登場する本を出版することができてとても嬉しく幸せに思います。
楽しんで読んでいただけましたら幸いです。

高田かや

高田かや

東京在住、射手座、B型。生まれてから19歳まで、
カルト村（農業を基盤としたコミューン）で共同生活を送る。
村を出てから一般社会で知り合った男性と結婚。
村での実体験を回想して描いた作品を「クレアコミックエッセイルーム」に
投稿したことがきっかけでデビュー。著書に『カルト村で生まれました。』、
『さよなら、カルト村。思春期から村を出るまで』、
『お金さま、いらっしゃい！』がある。

ブックデザイン　大久保明子

店舗などの情報は2019年8月時点のものになります。
変更になる場合もございます。

うまうまニッポン！ 食（く）いだおれ二人旅（ふたりたび）

2019年10月10日　第1刷発行

著　者　高田（たかだ）かや

発行者　鳥山 靖

発行所　株式会社　文藝春秋
〒102-8008 東京都千代田区紀尾井町3-23
電話　03-3265-1211

印刷所　図書印刷
製本所　図書印刷

ISBN978-4-16-391109-0
Printed in Japan